I0125440

DISPOSITIVOS INSTITUYENTES EN INFANCIAS Y DERECHOS

DISPOSITIVOS INSTITUYENTES EN INFANCIAS Y DERECHOS

María Malena Lenta
María Pía Pawlowicz
Brenda Riveros
Graciela Zaldúa

teseo

Dispositivos instituyentes en infancias y derechos / María Malena Lenta... [et al.]. – 1a ed. – Ciudad Autónoma de Buenos Aires: Teseo, 2018. 98 p.; 20 x 13 cm.
ISBN 978-987-723-187-8
1. Derechos del Niño . 2. Psicología Social Comunitaria. I. Lenta, María Malena
CDD 323

Imagen de tapa: collage: María Malena Lenta

© Editorial Teseo, 2018
Buenos Aires, Argentina
Editorial Teseo
Hecho el depósito que previene la ley 11.723
Para sugerencias o comentarios acerca del contenido de esta obra, escríbanos a: **info@editorialteseo.com**
www.editorialteseo.com

ISBN: 9789877231878

Buenos Aires

TeseoPress Design (www.teseopress.com)

Índice

Presentación

GRACIELA ZALDÚA

El texto sobre infancias que completa la trilogía de dispositivos instituyentes acerca de géneros y violencias y salud mental da cuenta de una producción crítica e implicada del colectivo de investigación del proyecto UBACyT (2014-2017) "Exigibilidad del derecho a la salud y dispositivos instituyentes en la zona sur de la CABA".

Los diferentes capítulos exponen un entramado epistémico, metodológico y práxico de un campo de problemas de la niñez y la adolescencia en dimensiones sociohistóricas, asumiendo un posicionamiento ético-político en tiempos de injusticias y exclusiones de la globalización capitalista neoliberal.

María Malena Lenta aporta desde la perspectiva crítica la multiplicidad disciplinar que interviene en el campo de las infancias a través de los discursos jurídico, médico, antropológico, educativo, psicológico y las prácticas que sostienen la legitimidad de esas discursividades.

Interrogaciones para resignificar las trayectorias de la infancia desde perspectivas psicoanalíticas (Janin, Calzetta, Rodulfo) habilitan otros sentidos: ¿cómo afecta el mundo adulto? ¿Cómo deviene en la trama familiar? ¿Cómo se constituyen los sostenes, las identificaciones y la pulsión de vida en el encuentro con el otro y en la transmisión de ideales y una ética de la vida? Asimismo, el enfoque de la psicología social comunitaria incorpora a la producción de subjetividades las mediaciones de las condiciones sociohistóricas contingentes. Por lo tanto, se revela como sustancial interpelar la cotidianidad de las infancias en el entramado de las relaciones sociales y los discursos que condicionan modos de ser, estar y proyectarse en el momento vital tomando como referencia los trabajos de Érica Burman.

Este primer capítulo cierra con el ejercicio y valor de la palabra de los niños/as, sujetos/as hablados por otros/as, que adquiere una forma de protesta: "no soy una cosa", primer enunciado de acción política. Y ese lugar de la palabra se intenta realizar en la última experiencia de los dispositivos alternativos del Arca, con los Consejos de Niños a la manera de Tonucci.

En el segundo capítulo, María Malena Lenta expone un proceso investigativo desde la IAP en la promoción de derechos de niños, niñas y adolescentes. Dimensiones de construcción colectiva de problemas por los protagonistas, lectura crítica de necesidades y derechos, reelaboración de las propias historias singulares y colectivas en la apropiación de los saberes propios y proyecto al porvenir son claves para organizar un estudio de casos típicos de vulneración de derechos. Con la modalidad de *bricoleur* ensambla contextos, técnicas, métodos, voces, interpretaciones y la reflexividad de la investigadora. Imponen su centralidad las voces de adolescentes (16 chicos de 13 a 18 años) que asisten a programas de restitución de derechos y que reconstruyen sus biografías, y resignifican las violencias y estigmatizaciones. Las devaluaciones de los territorios de pertenencia y las violencias estructurales se combinan con las crisis de las instituciones familiares, las fallas de los sostenes intergeneracionales, las violencias y abusos, en un entramado propiciatorio de la fragilización de las existencias y de procesos desubjetivantes. Esto plantea a la autora el desafío de dar lugar a la palabra de los/as niños/as; identificar programas y dispositivos alternativos o sustitutivos a la lógica tutelar; promover procesos colaborativos de reconocimiento y exigibilidad de derechos.

En el tercer capítulo, elaborado por María Pía Pawlowicz, Brenda Riveros, María Malena Lenta e Iván Felipe Muñoz, se interroga por los colectivos de trabajadores/as, actores/as sociales de la implementación de políticas públicas que operan mediatizando el impacto de las situaciones de vulneración de derechos. La interpelación sobre las afectaciones subjetivas que atraviesan los/as trabajadores/as que desarrollan sus prácticas con infancias y adolescencias con derechos vulnerados se centran en ¿cómo se configuran las condiciones de trabajo en estos escenarios? ¿Cómo se estructura el tiempo y espacio en los procesos de trabajo? ¿Cuáles son los obstáculos y posibilidades para prácticas de restitución de derechos? El universo de estudio fueron 32 trabajadres/as, la mayoría mujeres de diversas profesiones (trabajadores/as sociales, psicólogos/as, abogados/as, militantes sociales) y de 26 a 52 años. Las líneas de análisis resultaron ser: la identificación del piso básico de derechos; las afectaciones producto de la deslocalización de tiempo y espacio en el trabajo, y el devenir entre la precarización serializante y el reconocimiento subjetivante. Son relevantes las conclusiones que expresan que la precarización de las condiciones de trabajo se observa en diferentes niveles y dimensiones, como salariales y contractuales (flexibilización, bajos salarios, excesiva carga laboral por implicación y responsabilidades ante situaciones complejas). Apuestan al lazo social tierno que posibilita la producción de cuidados al alojar en la singularidad, así como también apuntala la identidad profesional en el reconocimiento recíproco. Cuidado como producto del trabajo inmaterial constituye un territorio a interrogar y producir en los encuentros y acompañamientos.

Se cierra la presentación con un trabajo de sistematización realizado por Brenda Riveros y María Pía Pawlowicz sobre cuatro propuestas alternativas comunitarias que habilitan otras miradas y otras prácticas implicadas potenciadas para la restitución de derechos de niñas, niños y adolescentes desde el arte, el juego, la imaginación, la escucha, la palabra y los lazos comunitarios.

En el "Desafío y la carga del tiempo histórico", István Mészaros nos plantea actos que potencien la creación y consolidación de las necesidades, capaces de garantizar no solamente la supervivencia de la humanidad sino también su desarrollo positivo en el futuro. El tiempo de urgencia de la infancia en situación de vulnerabilidad es un desafío a la adversidad catastrófica, y este colectivo de la universidad pública no está ajeno a la potencia del apuntalamiento de otros porvenires posibles.

1

Pensando infancias y adolescencias desde un enfoque crítico

María Malena Lenta

Considerar a la niñez como categoría para la investigación o las intervenciones psicosociales implica dar cuenta de un conjunto de enfoques teóricos, modalidades de análisis, concepciones y prácticas que han ido constituyéndola socio-históricamente. En tanto campo de problemas, la niñez se define en un entramado en el que intervienen discursos disciplinares, muchas veces en tensión, como lo son el discurso jurídico, el político, el médico, el antropológico, el educativo y el psicológico, entre otros. Asimismo, supone considerar las prácticas sociales y las instituciones que son permeadas por estos discursos disciplinares y que regulan, moldean y hasta producen la propia niñez (Di Iorio, Lenta y Hojman, 2012).

Este enfoque proporciona un marco para contextualizar los primeros años de la vida humana en los diferentes grupos y culturas. Por ello, frente a la inmadurez biológica, la concepción de la producción socio-histórica de la niñez da cuenta de una característica propia de muchos grupos humanos pero que no es ni natural ni, mucho menos, universal pero que aparece como un componente estructural específico en las diferentes sociedades y culturas (Mantilla, 2017).

Desde un enfoque antropológico, Casas (1998) plantea que la característica principal de la niñez como categoría es su variabilidad. Y sostiene que cada cultura ha definido diferentes coordenadas de tiempo-espacio, otorgándoles rasgos, roles y representaciones diferentes a los sujetos que integran dicha definición, sin dejar de lado los aspectos estrictamente biológicos y de desarrollo de la especie humana. Asimismo, Noceti (2011, 2008) indica que la niñez se refiere a un espacio de identidad por el que transitan todos los seres humanos de un grupo determinado, en tanto ciclo vital. Y resalta que la relevancia de este período como marca no es en sí significativo sino por lo que funda en relación con los otros momentos de la vida de los sujetos. Esta definición culturalista de la niñez rescata la conjugación de las dimensiones de tipo etarias, étnicas, jurídicas, socioeconómicas, religiosas y territoriales como centrales.

Desde un enfoque psicoanalítico, de Lajonquière (2015) explica que la afectación del mundo adulto sobre los *infans* produce una infancia trifásica: 1) la infancia a modo tiempo de espera, símbolo de la minoridad del niño respecto del comercio sexual y del campo del trabajo y de la política; 2) la infancia en tanto realidad psíquica, derivación de la conquista de un lugar de la palabra en una historia que todo niño debe pleitear para no quedar al borde de la sociedad; y 3) la infancia como real o suplemento infantil que, escindiendo la realidad psíquica producida, abre el conjunto de operaciones llamadas psíquicas a la sobredeterminación en el sentido freudiano. Ningún niño/a puede tener una infancia acorde a su naturaleza infantil como suponemos. Paradójicamente, solo se puede "tener" una infancia perdida en el *après coup* del agotamiento del tiempo de infancia impuesto por un mundo siempre viejo.

Para Rodulfo (2012), la cuestión de qué es un niño conduce a una pregunta por su prehistoria. Pero no solo a la prehistoria en tanto amnesia de los primeros años de vida infantil, sino en dirección a las generaciones anteriores, es decir, a la trama familiar. De este modo advierte sobre el peligro que implica tomar al niño o adolescente en el sentido tradicional de las pruebas psicológicas vinculadas a la cronología del desarrollo o a la medición de sus habilidades.

Por el contrario, plantea la importancia de considerar su lugar en el mito familiar y la significación del niño devenido hijo/a. El recurso simbólico, cuyo ejercicio queda sancionado por la pertenencia sólida a un entramado social, parece ser la única herramienta válida para habilitar la tarea psíquica primordial de la elaboración de lo cuantitativo que permite convertir al cachorro humano en sujeto.

En este marco, Janín (2012) y Calzetta (2004) coinciden en que, en la infancia, en tanto tiempo en el que se está sujeto a los avatares del otro, la tendencia a cero, a la ausencia de movilidad pulsional, debe ser transgredida para que la vida tenga lugar. Para que esto ocurra en la línea de la pulsión de vida, deben darse: 1) la erotización; 2) la capacidad de contención, sostén y ensueño materno, desde un adulto que puede contenerse a sí mismo; 3) las posibilidades identificatorias con un otro que se ubique como diferenciado, unificado y que devuelva una imagen valiosa de sí mismo y del niño; y, 4) el encuentro con otros transmisores de ideales culturales y de una ética de vida.

En el campo de la psicología, el enfoque evolutivo ha centrado esfuerzos en la descripción de los mecanismos y procesos relativos a la adquisición de patrones del pensamiento y el comportamiento social en función de ciertos estándares esperados para los sujetos, según su cronología (Spitz, 1965; Gesell, 1967). En muchos enfoques evolutivos, persiste la idea de un estado originario de egocentrismo presocial (y prerracional). Autores como Burman (1994), Larraín y Vergara (1998) y Giberti (1997) coinciden en que se trata de un abstraccionismo etario que reduce la cuestión de la niñez a una dimensión, dejando de lado la diversidad de la condición infantil: histórica, socioeconómica, cultural, de género, religiosa, de estilos de vida, de preferencias estéticas, etc. En este sentido, para Holzkamp (2016), en la mirada acotada en el desarrollo, se corre el riesgo de que los periodos considerados como posteriores de la vida se expliquen a partir de los respectivos periodos anteriores. De este modo, el pasado biográfico se hipostasía como "causa real" del presente biográfico.

Desde un enfoque crítico de la psicología evolutiva, Dueñas (2012) señala que si bien las nociones de "niñez" o incluso "infancia" remiten a una idea de maduración o desarrollo, ello es insuficiente para comprender las complejidades y singularidades que les son propias. Referirse a la niñez o a la infancia como categorías sociales y/o a las niñas, niños y adolescentes como sujetos concretos es un modo de ponderar "una" construcción sobre la niñez que se produce desde el mundo adulto e incluye una concepción retrospectiva (la niñez como lo que se fue), otra histórico-evolutiva y, finalmente, una prospectiva (los niños son el futuro).

Autores como Lenta y Di Iorio (2016), Frigerio (2008), Duschatszky (2006, 2000), Casas (1998), entre otros, plantean que la categoría niñez es ante todo una categoría que se constituye como diversa. Esta diversidad se materializa tanto al comparar diferentes culturas o identidades genéricas (Di Signi, 2015) como al confrontar en el interior de una misma, distintos momentos históricos y condiciones de vida –materiales y simbólicas– que posibilitan accesos diferenciales a bienes y servicios, reproduciendo de modo desigual el acceso a los derechos de ciudadanía (Burman, 2013; Dueñas, 2012; Fuentes, 2008; Bustelo, 2008; Noceti, 2008).

Entonces, problematizar la categoría niñez conlleva visibilizar su identidad aparentemente monolítica u homogénea, en la que se enfatizan ciertos aspectos ontológicos, epistemológicos, políticos y filosóficos donde se funda la relación intergeneracional adultos-niños/niñas/adolescentes como soporte para su constitución (Dueñas, 2012; Fuentes, 2008; Bustelo, 2008; Burman, 2003; Woodson, 2004).

La niñez en la praxis de la psicología social comunitaria

Desde un enfoque crítico, abordar infancias y adolescencias como objetos-sujetos de investigación e intervención psicosocial en el campo de la psicología social comunitaria implica reconocer que, en tanto construcción social, éstas presentan una dimensión pública que se expresa en los discursos y prácticas científicas, en las normativas, en las políticas sociales, en el sentido social común y en la circulación de mensajes en los medios de comunicación, entre otros espacios sociales. Asimismo, supone otra dimensión de orden privado y cotidiano que se desenvuelve en las relaciones interactivas, cara a cara, en el grupo familiar, con los pares y en la comunidad, promoviendo ciertas identidades en los niños, niñas y adolescentes como sujetos concretos. De este modo, más que remitir a una noción abstracta del objeto-sujeto de investigación e intervención psicosocial, nos interesa situar a los niños, niñas y adolescentes como sujetos históricos que habitan de manera singular diferentes espacios sociales, donde reproducen, a la vez que pueden poner en cuestión, la estructura de tal reproducción.

Acompañando esta mirada crítica, para Burman (2013) las infancias y adolescencias actuales se constituyen en el "entre", es decir, en el especio intersticial producido como resultante del conflicto entre las fuerzas de desarrollo económico y las maneras en que éstas estructuran las formas de vida disponibles para ser vividas, como una condición "entre dos deudas". Dichas deudas son de tipo macroeconómicas, nacionales y familiares, y tienen efectos multidireccionales, puesto que niños, niñas y adolescentes son ubicados entre las deudas (financieras y afectivas) para y de sus padres, pero también entre el desarrollo nacional e internacional a causa de su estatuto retórico, como supuestas inversiones para el futuro.

Esta doble inscripción de las "deudas", en el plano de las acciones singulares y en el de las fuerzas macroestructurales aparentemente implacables, es donde resulta especialmente relevante focalizar. Sin subsumir la una a la otra, Burman (op. cit.) señala estas deudas para identificar las conexiones vacilantes o incómodas observadas en las trayectorias de vida singulares y de las condiciones sociohistóricas contingentes en las que se despliegan, y con las que se imbrican las historias de niños, niñas y adolescentes. Por lo tanto, por un lado, resaltamos la importancia de la experiencia práctica de la infancia o, dicho en otros términos, la vida cotidiana de niños, niñas y adolescentes en relaciones sociales concretas como un foco de indagación; pero, por el otro, es necesario ubicar los discursos que conforman las ideologías sobre la infancia como un fenómeno que se inscribe más bien en el orden social reificado y que condiciona los modos de "ser", "estar" y "proyectarse" en este momento vital.

Esta perspectiva significa considerar que ambos elementos no son pasibles de ser separados de manera tajante pues tampoco existe un determinismo causal en el que la superestructura sea un mero reflejo de las relaciones sociales concretas, sino una reciprocidad entre ambos niveles. En este punto, resulta pertinente recuperar la categoría de determinación social elaborada por Breilh[1] (2013, 2010) para articular el sistema de contradicciones que se enlazan entre tres grandes dominios que operan en la producción de infancias y adolescencias: el dominio general que corresponde a la lógica estructurante de acumulación capitalista, como formación económico-social que organiza a los sujetos en clases sociales según su relación con la propiedad de los medios de producción, que se articula con la lógica de jerarquía entre los géneros bajo el orden patriarcal adultocéntrico y el sistema racista con sus condiciones político-culturales; el dominio particular de los

---

[1] Desde un enfoque praxiológico, Jaime Breilh trabaja la categoría de determinación social de la salud junto con otros referentes del campo de la salud colectiva, para abordar la salud como un objeto multidimensional y complejo, frente a los enfoques positivistas clásicos y funcionalistas. A partir de estos trabajos se consideró pertinente retomar este enfoque para complejizar el abordaje de las infancias y adolescencias.

modos de vivir con sus patrones estructurados grupales de vulnerabilidad; y el dominio singular, de los estilos de vida y el libre albedrío personal que viven los sujetos con sus condiciones fenotípicas, genotípicas y materiales. En consecuencia, se pueden pensar las infancias y adolescencias como objetos-sujetos de investigación a partir de las relaciones de poder como una matriz integrada de clase-género-etnia-generación, situadas en territorios sociohistóricos con modalidades singulares de aprehensión de esas determinantes.

A su vez, la interpelación reflexiva a la que el sujeto cognoscente situado se enfrenta en función de sus propias ubicaciones de clase-género-etnia-generación nos lleva a reconocer a las infancias y adolescencias (objetos-sujetos de investigación e intervención psicosocial) en su total otredad. Sin embargo, no se trata de una otredad que signifique la negación de lo uno –lo que el sujeto cognoscente no es, su exterioridad–, sino que se expresa como una diversidad. Siguiendo a Dussel (1998), se refiere a un otro comprendido como extraño o inesperado pero que es a la vez otro-objeto-sujeto (Montero, 2000), es decir que la otredad de la niñez es fuente de saberes y experiencias propias y se construye en una relación de autonomía-heteronomía. Las consecuencias políticas de esta relación son: la liberación, la capacidad de expresar la opinión públicamente y el acceder al espacio público, desprivatizando lo que se oculta y se debe a la ciudadanía. Es un posicionamiento que incluye a la otredad en la acción, la liberación y en la relación crítica entre los aspectos singulares y la totalidad participativa.

Entre la otredad de la niñez y la protección de sus derechos

La titularidad de los derechos de niñas, niñas y adolescentes conferida en las nuevas normativas elaboradas a partir de la Convención Internacional de los Derechos del Niño (CIDN,1989) y las normativas nacionales como la Ley 26.061 (2005) junto con otras leyes jurisdiccionales, se confronta con las posibilidades concretas de exigibilidad directa de sus derechos por parte de los propios niños, niñas y adolescentes. En territorios donde priman los procesos de precarización de las condiciones de vida, la vulnerabilidad, en tanto susceptibilidad de padecer, sufrir algún daño o enfermar, se exacerba. El trabajo infantil, la situación de calle, la explotación sexual infantil, la escolarización de baja intensidad, junto con otras situaciones, tienen lugar allí donde fallan los soportes comunitarios y de las políticas sociales para suplir o acompañar las tramas familiares con dificultades para apuntalar las trayectorias de vida de los niños y niñas que llegan al mundo. De este modo, la ciudadanía de la infancia no es una condición dada por la propia existencia de niños, niñas y adolescentes como sujetos concretos, sino que debe ser considerada en la tensión entre la heteronomía y la autonomía, y depende de la vida política para poder generar las condiciones de puesta en ejercicio y de exigibilidad.

En el artículo 12 de la CIDN, el derecho a la voz y a ser escuchados se establece en un principio general de la construcción de la subjetividad del niño o niña pues tiene en cuenta todas las dimensiones de su experiencia vital e intelectual, y no simplemente sus emociones. De allí que en la praxis de la psicología social comunitaria, el trabajo catalítico para el fortalecimiento comunitario y la promoción de procesos de exigibilidad de derechos en el campo de la infancia ponga énfasis en la participación, el protagonismo y la voz de niños, niñas y adolescentes. Tal como señala De Certau (1995: 35), el ejercicio de la palabra, más aun en el caso de los sujetos históricamente hablados por otros, adquiere la forma de la protesta y "(…) quizás esa sea su grandeza, la que consiste en decir: 'no soy una cosa'". El lugar para la palabra de niños, niñas y adolescentes en las investigaciones e intervenciones psicosociales puede ser considerado como un primer tiempo de la acción política.

2

Niños, niñas y adolescentes

*Entre la retórica de derechos
y la realidad de la exclusión*

María Malena Lenta

Para la psicología social comunitaria, en tanto campo disciplinar abierto que interpela los procesos psicosociales de opresión y exclusión (Zaldúa, 2011; Montero, 2006), la vulnerabilidad resulta una categoría clave. Desde este campo, su definición no se circunscribe a la descripción de la pobreza en tanto insuficiencia de recursos materiales para salir del plano de la mera supervivencia, sino que alude a un conjunto de vínculos frágiles que los sujetos, los grupos y las comunidades desarrollan en relación con el trabajo, las relaciones sociales y las capacidades de agencia, es decir, el ejercicio de la ciudadanía a través de la vida política (Zaldúa, Pawlowicz, Longo, Sopransi y Lenta, 2016).

Butler (2012) hace referencia a la vulnerabilidad como condición constitutiva de todo ser humano, que lo compele al desarrollo de la vida política para resguardarse del estado de indefensión originaria que implica el ser-lanzados-al-mundo. Sin embargo, añade que la vulnerabilidad se exacerba bajo ciertas condiciones sociales y políticas. La exposición a la violencia y al sufrimiento tienen una distribución diferencial a lo largo del globo, según los condicionamientos de clase, de género, étnicos y generacionales.

Por lo tanto, considerar la vulnerabilidad de sujetos, grupos y comunidades remite a analizar los procesos de construcción de la vulnerabilización psicosocial.

Ayres, Franca Junior, Junqueira Calazans y Saletti Filho (2008) indican que dichos procesos implican considerar el interjuego entre un componente individual (como capacidad emocional y simbólica); un componente social (como relación con los otros sociales); y, un componente programático (como disponibilidad y acceso a la protección de las políticas sociales). De esta manera, la existencia de comunidades, grupos y/o sujetos vulnerables o en situación de vulnerabilidad psicosocial supone considerarlos frágiles, jurídica o políticamente, en la promoción, protección o garantía de sus derechos de ciudadanía (Di Leo y Camarotti, 2015).

En el caso de las infancias y las adolescencias, los aspectos subyacentes a su constitución progresiva como sujetos autónomos dan cuenta de una condición de vulnerabilidad originaria y constitutiva. Los límites conferidos a la autorrepresentación de niños, niñas y adolescentes en la vida política, es decir, de su participación plena como ciudadanos, señalan su dependencia relativa al mundo adulto para tal ejercicio (Lenta, 2016; Baratta, 1999). Por eso, el papel que desempeñan las instituciones sociales en la producción, protección y/o tutelaje de las infancias y adolescencias resultan centrales en cuanto a la generación o no de espacios sociales y comunitarios para viabilizar los procesos progresivos de dicha autonomía, es decir, de participación social y desarrollo de prácticas de cuidado de sí y los otros (Llobet, 2010; Carli, 2006). En consecuencia, si en la infancia no se supera el nivel de la necesidad como mera supervivencia, los procesos de vulnerabilización psicosocial configurarán situaciones de expulsión de la ciudadanía en el propio tiempo presente de la infancia; así como también condicionarán la construcción del porvenir (Bustelo, 2008).

En este marco, la exigibilidad de los derechos de niños, niñas y adolescentes significa interpelar las situaciones de exclusión psicosocial a partir del desarrollo de dispositivos de subjetivación sostenidos desde el mundo adulto. Estos dispositivos se refieren al necesario desarrollo de espacios sociales, discursos e instituciones que se deben constituir en soportes intergeneracionales a partir de otorgarles a las nuevas generaciones un espacio en la trama social, para propiciar su individuación y constituirlos como sujetos deseantes, con la capacidad autónoma de pensar-se, de historizar-se y proyectarse en el devenir del mundo (Agamben, 2014; Bleichmar, 2009). La exigibilidad de derechos es entonces un proceso social del que participan diferentes actores de la comunidad. En el caso de las infancias, esta exigibilidad impele a la promoción de la agencia de niños, niñas y adolescentes desde la protección frente a la inermidad del mundo y la valoración de sus voces. En la habilitación de la palabra de niños, niñas y adolescentes se hace lugar a la producción de sentidos y significados sobre la propia vida y el mundo, lo cual evidencia identidades adoptadas y atribuidas, discursos sociales y relaciones de poder. A su vez, se abren posibilidades a la resignificación de la historia singular y de interpelación a los marcos culturales y sociales que constriñen el devenir de los sujetos (Stecher, 2010). En el campo de la infancia, entonces, la exigibilidad de sus derechos frente a la vulnerabilidad constitutiva y los procesos de vulnerabilización de sectores de niños y niñas remite a la toma de la palabra en el sentido de De Certau (1995). Se trata del primer tiempo de la acción política y consiste en habilitar el espacio social para que los niños y niñas puedan afirmar "no soy una cosa", reclamando así la inscripción —o re-inscripción— en los dispositivos subjetivantes de la comunidad y/o las políticas sociales.

De los derechos a la situación de niñas, niños y adolescentes

A nivel mundial, la visibilidad y reconocimiento de los derechos humanos a partir de la segunda posguerra mediante el desarrollo de diversos movimientos sociales tuvo su correlato en la promulgación de tratados internacionales que, en el ámbito de la niñez, implicó la emergencia del Paradigma de la Protección Integral de los Derechos del Niño, en la segunda mitad del siglo XX.

La Declaración Internacional de los Derechos del Niño (1959), las Reglas de Beijín (1985) y la Convención Internacional de los Derechos del Niño (CIDN) (1989) fueron los instrumentos fundantes en este campo. De hecho, la CIDN fue el instrumento de derechos humanos más rápidamente ratificado por los países del mundo (con excepción de EE. UU. y Somalia). Sus aportes centrales fueron: el principio del interés superior del niño; el derecho a sobrevivir y desarrollarse; y la consideración de su voz en los asuntos atenientes a su propia vida.

Sin embargo, en las últimas décadas, las lógicas de ajuste fiscal de las políticas neoliberales configuraron un proceso mundial de infantilización de la pobreza, lo que pone en discusión la adscripción de los Estados a dichos tratados y, en consecuencia, el rol de las instituciones gobernadas por el mundo adulto en la garantía de los derechos de la infancia. En Argentina, esa tendencia se expresa en diversos modos de vulneración de derechos de niños, niñas y adolescentes: la tasa de pobreza en la niñez era del 46,26% en 2013, mientras que en la población general llegaba al 31,46% de los habitantes del país (Caggia, 2014). El deterioro de las condiciones de vida se observa también en el aumento significativo, en la última década, de la explotación laboral infantil (en talleres clandestinos), en el crecimiento de la cantidad de niños y niñas viviendo en situación de calle, en el incremento de la maternidad en la adolescencia temprana, en el secuestro y la trata para la explotación sexual comercial infantil, entre otros (Unicef, 2015). Estas situaciones se combinan con la crisis de las instituciones tradicionales, como la familia, el trabajo, la escuela y el hábitat, lo que "estabiliza" la precarización de la vida para franjas importantes de niños, niñas y adolescentes en tanto no se han creado otras instituciones de cuidado (Burman, 2013; Carli, 2006; Castoriadis, 1997). En este marco, los programas sociales del campo de la infancia que, en Argentina, hacen parte del Sistema de Protección Integral de Derechos de Niños Niñas y Adolescentes (SPIDNNyA) establecido en el año 2005 en el ámbito nacional, son interrogados fuertemente en cuanto a su alcance (cobertura) y eficacia en la restitución de derechos vulnerados. Y las diferentes estrategias desarrolladas por las distintas comunidades para apalear los límites de las políticas sociales, como los jardines comunitarios y los comedores populares, e incluso aquellos que se plantean como organizaciones de la sociedad civil o movimientos sociales con una perspectiva de integralidad de los derechos en la infancia, señalan fuertes limitaciones en la garantía integral de los derechos (Unicef, 2014).

Si, como sugiere Wiesenfeld (2014), un propósito central en la psicología social comunitaria es aportar a los procesos de emancipación de sectores oprimidos, propiciando transformaciones psicosociales, en distintas escalas, entornos y con los agentes corresponsables, el abordaje de las situaciones y procesos de vulneración de derechos de niños, niñas y adolescentes constituye un campo de problemas relevante para la interrogación crítica desde nuestra disciplina.

En nuestro campo disciplinar, un conjunto considerable de investigaciones señaladas en el estudio de Di Iorio, Lenta y Hojman (2011) han abordado las situaciones de vulneración de derechos y desventaja social de niños, niñas y adolescentes en contextos de pobreza y exclusión, pero han enfatizado en la perspectiva de los adultos de referencia tanto familiares como institucionales (Tissera, 2010; Leale, 2005). Incluso en estudios de evaluación de políticas sociales para las infancias se prioriza la voz de los adultos expertos o referentes de las instituciones frente a la de los sujetos infantiles (Torricelli, 2014; Casas, 2010; Llobet, 2009; Giorgi, 2008). Otras investigaciones que recuperan la voz de la población infantil y/o adolescente circunscriben los estudios sobre la vulnerabilidad psicosocial a temáticas como la sensación de bienestar en la comunidad (Castellá Sarriera y Ferreira Moura, 2016), la prevención de delincuencia juvenil (Negrón Cartagena y Serrano García, 2016), la sexualidad, el abuso sexual infantil y el embarazo en la adolescencia (Pawlowicz y Zaldúa, 2011; Zicayo, 2008; Lucio, 2004), las trayectorias educativas vulnerables (Legaspi, Aisenson, Valenzuela, et al., 2009) o las situaciones de institucionalización frente a la ausencia de cuidados parentales (Gueglio Saccone y Seidmann, 2015; Di Iorio, 2010), entre otros temas. También, algunos estudios vinculan estrechamente la pobreza material con las limitaciones de los propios chicos y chicas en la proyección del futuro (Morais Ximenes y Camurça, 2016; Tomasini, López, Bertarelli, García et al., 2010). En dicho marco, este capítulo tiene el propósito de indagar en las posibilidades de exigibilidad de derechos en el campo de la infancia a partir de los nudos críticos identificados por los propios niños, niñas y adolescentes habitantes de territorios de exclusión social que participan de dispositivos sociales de restitución de derechos. Por lo tanto, se propone el objetivo de analizar los sentidos y significados sobre sus condiciones de vida y la situación de sus derechos, que construyen niños, niñas y adolescentes que participan en programas sociales del SPIDNNyA, en el Área Metropolitana de Buenos Aires (AMBA) de Argentina.

La IAP y la promoción de derechos de niños, niñas y adolescentes

En el contexto latinoamericano, la problematización de las herramientas epistemológicas de las corrientes psicológicas hegemónicas importadas, ya sea en su vertiente anglosajona con su foco en la conducta y la adaptación del individuo al ambiente, o el psicoanálisis en su vertiente ahistórica y reducida al campo individual y clínico, fue producida desde la década de 1960 por diversos colectivos de psicólogos/as interesados/as en desarrollar una psicología vinculada a los problemas y necesidades de los sujetos y colectivos tradicionalmente excluidos, subalternizados o patologizados por los enfoques hegemónicos disciplinares. A su vez, la necesidad de producir una praxis implicada con estos sectores suscitó la interpelación de las condiciones de producción de las inequidades de clase, de género, étnicas y generacionales, al mismo tiempo que ubicó el horizonte de la transformación social como un propósito de la práctica.

Referentes como Enrique Pichón Riviere, Mirie Langer, José Bleger e Ignacio Martín Baró fueron precursores, desde diferentes trayectorias conceptuales y territorios de intervención, del camino abierto en las últimas tres décadas por la psicología social comunitaria. Siguiendo a Wiesenfeld (2016), los desarrollos de este campo disciplinar en construcción se han centrado en el trabajo con grupos y colectivo especialmente vulnerados en sus derechos, a partir de procesos de investigación-acción para que adquieran o refuercen competencias que promuevan el ejercicio de la ciudadanía. No se trata de brindar asistencia psicológica en la comunidad, sino de operar sobre los procesos psicosociales de naturalización y habituación que facilitan el desarrollo de las dinámicas macrosociales de reproducción social. Recuperando los aportes de la psicología crítica (Parker, 2010) y de la psicología de la liberación (Oropeza, 2015), los procesos desencadenados por la psicología social comunitaria instan a la desideologización de la vida cotidiana a partir de la desnaturalización de las condiciones de opresión y subordinación de género, clase, etnia y generación; a la historización de los procesos colectivos y a la potenciación de los recursos de la propia comunidad o colectivo.

En este marco, comprender las dinámicas de la participación aparece como un nudo central para la praxis de la psicología en el campo psicosocial comunitario. Para Montero (2010), la participación debe ser analizada en los territorios no solo en relación con los tipos y modalidades que se observan entre los agentes internos (personas interesadas y grupos organizados dentro de las comunidades) y los otros agentes externos participantes (los profesionales, técnicos y otros actores que desarrollan prácticas con grupos y comunidades), sino que también debe considerarse el tipo de compromiso en la participación. Atender a esta relación bilateral entre participación y compromiso da cuenta de dos aspectos de un mismo fenómeno: la participación comprometida y el compromiso participativo. De allí que la estrategia metodológica de la Investigación Acción Participativa (IAP), que fue desarrollada por Orlando Fals Borda en la década de 1960, haya sido incorporada en las prácticas de investigación e intervención de la psicología social comunitaria, no solo como una opción metodológica, sino como un posicionamiento ético-político. Pues se pretende reconocer a la población con la que se investiga como a un sujeto, y así trascender el lugar de mero objeto a conocer, lo que implica no solo el reconocimiento de su otredad, sino también su capacidad de producción de conocimiento y acción social.

La propuesta de la IAP plantea también que el proceso de conocer supone asimismo una transformación tanto del sujeto que conoce como del sujeto a conocer, pues la relación de enfrentamiento y reconocimiento entre investigador e investigandos no es sin consecuencias para todos los participantes.

Al incorporar la dimensión intersubjetiva en el centro del proceso de la IAP, se intenta contribuir en la autonomía de pensamiento y acción de los colectivos sociales con los que se emprenden procesos de investigación. La IAP interpela las prácticas del campo psicosocial y propone una praxis crítica, dialógica, participativa, reflexiva, problematizadora de las situaciones de desigualdad, opresión y violencias. Sin embargo, no se renuncia por ello a la producción de conocimiento científico. Es precisamente en el proceso dialecto entre la acción y la reflexión, entre el acercamiento a los sujetos con los que se investiga y el distanciamiento que permite objetivar la experiencia, donde produce un conocimiento, siempre discutido y validado en la acción.

Desde las prácticas enmarcadas en la IAP, el trabajo con niños, niñas y adolescentes se plantea el desafío de suscitar procesos de interpelación y participación comprometida de una población que, habitualmente, no plantea ni demanda la intervención psicosocial de manera directa. En este marco, resulta fundamental el trabajo de establecimiento en el territorio y el reconocimiento recíproco con los niños, niñas y adolescentes con quienes se plantea desarrollar las prácticas a fin de habilitar no solo el consentimiento en la participación, sino fundamentalmente el asentimiento, es decir, la habilitación a la puesta en práctica de las diferentes formas de expresión infantil que permitan visibilizar la participación real en el proceso de la IAP, pues habitualmente, la habilitación de adultos referentes tales como madres y padres, maestras, etc., es considerada como único requisito legítimo para las actividades propuestas.

No obstante, desde el enfoque de la psicología social comunitaria y la IAP, reconocer que las voces de las niñas, niños y adolescentes hacen parte del acervo colectivo de las prácticas discursivas y de la memoria social y cultural no solo implica comprender que ellos son capaces de producir nuevos sentidos y saberes, sino también opiniones y posiciones de afirmación, rechazo o recreación de las propuestas de participación. Su voz no solo puede ser escuchada, sino también leída y visibilizada a través de diferentes elaboraciones orales, escritas y pictóricas que dan cuenta de su realidad subjetiva y social. Por lo tanto, en su condición de sujetos, niños, niñas y adolescentes pueden ser autores de diversos documentos con materialidad multiforme: poemas, cuentos, diarios infantiles, cartas, videos, fotografías, publicaciones en redes sociales, grafitis, murales, etc., en los que no solo expresan sus afectaciones de ser-en-el-mundo, sino también sus posiciones y decisiones.

Constituir los procesos de IAP en espacios de promoción de derechos de niños, niñas y adolescentes no implica en modo alguno la restricción al desarrollo de acciones informativas sobre los derechos conferidos en las normativas vigentes, ni tampoco la prescripción de pautas de conductas, sino que nos interpela en la creación de espacios de diálogo para la construcción colectiva de problemas relevantes desde el punto de vista de los protagonistas, la discusión y lectura crítica de las necesidades y derechos, así como también la reelaboración de la propia historia singular y colectiva como estrategia de apropiación de los propios saberes y proyección en el porvenir.

Camino metodológico

En función del problema planteado, este trabajo se desarrolló a partir de un diseño exploratorio-descriptivo con la modalidad de estudio de casos múltiple, constituido por casos típicos de vulneración de derechos, donde cada participante niño, niña o adolescente constituyó un caso (Yin, 2009). El enfoque de la IAP se combinó con el abordaje cualitativo de investigación, cuyo objetivo es comprender la realidad a partir de su interpretación, para intentar transformarla en ese proceso (Denzin y Lincoln, 2012). Este enfoque plantea la relevancia de conocer los acontecimientos sociales en el ámbito donde ocurren, y ubica al investigador/a en el lugar de un *bricoleur*, es decir, de un ensamblador de contextos, técnicas, métodos, voces de los sujetos participantes, experiencia del investigador/a y las interpretaciones que realice.

Participantes

Los participantes del estudio fueron 16 chicos y chicas de entre 13 y 18 años, 5 varones y 11 mujeres, seleccionados a partir de su asistencia a dos programas sociales de restitución de derechos de niños, niñas y adolescentes (8 centros de día y 8 servicios locales de protección de derechos del niño) constituidos dentro del SPIDNNyA, en el territorio del AMBA, ámbito donde se desarrolla la investigación. La muestra fue homogénea en cuanto al territorio (AMBA) y la situación socioeconómica, y heterogénea en cuanto al género, la edad, el tipo de derechos vulnerados y el tiempo de participación en el programa social.

Instrumentos

En función del problema y objetivo planteados, los tópicos indagados a través de los instrumentos de producción de datos consideraron aspectos como: identidad personal y colectiva, vínculos de referencia, sentidos sobre el territorio, proyecto a futuro e identificación de derechos vulnerados y a restituir.

Los instrumentos implementados para la producción de datos fueron de tipo cualitativo, lo que resulta coherente con el diseño propuesto, lo que favoreció la producción individual y colectiva de narraciones orales, escritas y gráficas, y consistieron en los siguientes: relato de vida (Chase, 2015), grupo focal (Kamberelis y Dimitriadis, 2015) y observación naturalista (Angroisino, 2015).

Esta se realizó a través de la construcción de un cuaderno de campo que incluyó el registro de las actividades, narrativas significativas, dinámicas y climas grupales en cada una de las actividades realizadas; así como también por medio de la resignificación de las actividades realizadas y de la implicación de las propias investigadoras en el desarrollo de las actividades pautadas.

Estrategia de análisis de datos

El tratamiento de los datos se desarrolló a partir de un enfoque biográfico que señala cómo la trayectoria de vida singular se construye a través de mediaciones constituidas por los grupos primarios a los cuales pertenecemos y las organizaciones comunitarias con las que nos relacionamos. De esta manera se propendió a la desprivatización de la experiencia personal. En este trabajo se priorizó una exégesis transversal de las narrativas de los participantes por sobre la exégesis singular, en función del problema de estudio. Para ello se abordaron tres dimensiones analíticas propuestas por Bertaux (2005): la dimensión de la realidad socio-histórica, la dimensión de la realidad psíquica y la dimensión de la realidad discursiva.

Específicamente, a partir de la desgrabación de cada uno de los encuentros individuales (relato de vida) y colectivos (grupos focales), así como de la sistematización de las observaciones, se procedió a la lectura transversal de la información mediante la asistencia del *software* Atlas.ti. En un primer momento, se descartó el análisis intracaso para este artículo, y se desarrolló una codificación de las narrativas a partir de los tópicos que se planteó indagar con cada instrumento, junto con una codificación abierta a las categorías emergentes de los datos y no consideradas previamente. En un segundo momento, se procedió a una recodificación de la información a partir de la integración y redefinición de las categorías de la primera fase. En un tercer momento se vincularon las categorías definidas con las dimensiones de análisis propuestas por Bertaux (op. cit.) para el análisis transversal de las narrativas.

Análisis de las dimensiones biográficas

Para el caso de la realidad socio-histórica, comprendida como aquella dimensión que integra el enlace entre el tiempo histórico colectivo y el tiempo biográfico singular que comprende aspectos socio-estructurales (Kornblit, 2007; Bertaux, 2005), las narrativas señalaron huellas de la crisis capitalista y las políticas neoliberales en la vida cotidiana de los participantes. Las situaciones de pobreza estructural y precarización del trabajo de familiares y adultos referentes aparecen como situaciones naturalizadas que se asocian con el territorio:

[1] *El barrio de los quilomberos, villeros nos dicen. Pero somos los más piolas (...) Trabajan de rochos* [expresión del lunfardo que significa ladronzuelo], *trabajan de changas pero se trabaja* (Carlos, 14 años, grupo focal).

[2] *Casas, casa y gente. Casas y gente todo el día al pedo* [expresión del lunfardo que significa no realizar actividades productivas]. *Ahora unas canchitas. Todos... no hacen nada. Hay transas y narcos* (Julián, 15 años, grupo focal).

[3] *Mi papá trabaja, siempre trabajó de* [vendedor] *ambulante. Mi mamá se mantiene de trabajar con la Asignación* [Universal por Hijo, plan social] *de nosotros* (Celina, 16 años, relato de vida).

Como saturan las narrativas, tanto al describir el territorio barrial como al remitir a las ocupaciones de familiares, en los relatos de los participantes, los trabajos de los adultos se refieren a situaciones de informalidad y precarización laboral [1 y 3]; así como de inserciones ocupacionales violentas [1 y 2], lo que da cuenta de los efectos del modelo neoliberal que, a partir de la década de 1970, impactó sobre la organización del trabajo asalariado, y como resultado expulsó a vastos sectores de la población a la desocupación, que creció exponencialmente en la década de 1990 y comienzos del 2000, en Argentina (Svampa, 2005).

Asimismo, las narrativas visibilizan una territorialidad connotada como precaria y marginalizada en relación con otros núcleos urbanos:

[4] Imagen 1. Gráfico sobre el barrio (Grupo Focal, elaboración colectiva)

[5] *Somos los cuatro hermanos y mi papá ahora en la casa. Tenemos la pieza y la cocina. Todavía el baño, afuera. El piso ya lo va a poner* (Magalí, 16 años, relato de vida).

[6] *Ni colectivos, ni cloacas, solo casa, chicos y ratas. La gente está, es buena y es mala. Casas de material, de chapa y madera. Casi no hay árboles* (Lucas, 16 años, grupo focal).

[7] *Es un barrio recoleto* [risas]. *Le decimos recoleto porque se quie-re hacer el cheto* [de mayor nivel socio-económico]. *Algunos. Hay gente mucha. Es común y cualquiera. Nos cuidamos entre todos. Hay un poco de rochos* [expresión del lunfardo que signi-fica ladronzuelo] (Julieta, 13 años, grupo focal).

El hacinamiento en las viviendas [5], la cercanía con basu-rales, la falta de obras públicas de saneamiento y la contami-nación ambiental [4 y 6] son las características sobresalientes que identifican los participantes en sus territorios. Se trata de indicadores socio-ambientales de exclusión social. El registro de la marginalización territorial-poblacional se expresa bajo la guetificación (nosotros-los otros) concomitante a las dinámicas de gentrificación de los territorios urbanos (Zaldúa, Bottinelli, Longo, Sopransi y Lenta, 2016) y señala la brecha social entre territorios [7]. No obstante, este registro aparece compensado por las prácticas de solidaridad y cuidado entre los habitantes del propio espacio [7].

La dimensión de la realidad psíquica se refiere al espacio en el que se inscriben las variantes del ser y el hacer de cada suje-to (Kornblit, 2007; Bertaux, 2005). En el análisis de las narra-tivas acerca de la vida cotidiana y las trayectorias vitales, las afectaciones de las violencias emergieron como núcleo organi-zador de los padecimientos, el malestar y los anhelos. La violen-cia estructural significada en la realidad socio-histórica expre-sa desdoblamientos sobre los vínculos relacionales-familiares y sobre sí mismos:

[8] *Me arrebataron el derecho de poder crecer con felicidad, pero no pudo ser posible eso. Maltrataron a mis hermanos, golpearon e hicieron maltrato psicológico y daño a su cuerpo, les hicieron cicatrices muy feas y rompieron el sueño de poder crecer sin mie-do* (Marisa, 17 años, grupo focal).

[9] *Mi mamá me dijo que haber nacido fue un error de ella y yo pensaba lo mismo. Pero yo tenía derecho a vivir bien* (Laura, 13 años, grupo focal).

[10] *Finalmente mi mamá se fue. Ya no nos pega. Pero igual la extraño. Sueño que vuelve y todo está bien* (Julieta, 13 años, relato de vida).

Las situaciones de vulneración de derechos por las que han pasado estos niños, niñas y adolescentes que participan en los programas sociales del SPIDNNyA son reconocidas por ellos mismos como acontecimientos y situaciones de maltrato [8 y 9] y abandono [10] por parte del mundo adulto, especialmente por aquellos del ámbito familiar, lo que conjuga angustias y tristezas, pero también son reconocidas como situaciones de injusticia [8 y 9], lo que instala el horizonte de los derechos como posibilidad de exigibilidad de reconocimiento social.

En algunos casos, la carencia de mediadores afectivos como la ternura y el lazo social propician elaboraciones fallidas y autodestructivas, como se observa en las narrativas [11 y 13] y en las marcas de cortes en los brazos de la imagen [12]:

[11] *(...) cuando estoy sola no hago nada. Me siento más sola de lo que estoy. Me quiero morir, me quiero matar. Necesito a alguien que me escuche para no hacerme daño yo sola* (Laura, 13 años, relato de vida).

[12] Imagen 2. Gráfico sobre el cuerpo (grupo focal, elaboración colectiva)

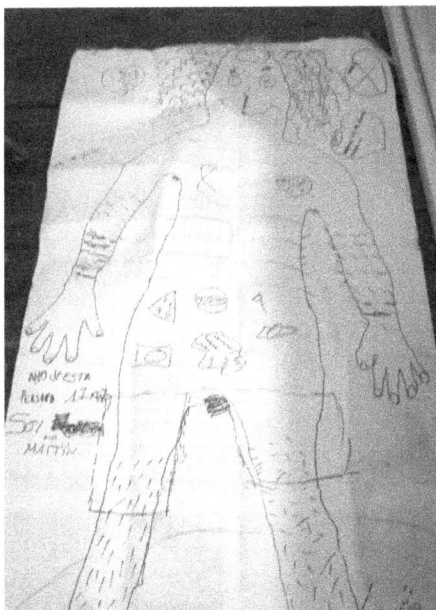

[13] *Es Andrés, tiene quince años. Le gusta la comida chatarra. Está triste. Tiene el corazón roto (...) en los brazos se cortó, no lo puede evitar. Cuando está solo, nadie lo quiere, quiere morir y se corta, se marca por el dolor* (Lucio, 15 años, relato de vida).

Sin embargo, existen otras posibilidades frente a la inermidad de estos niños, niñas y adolescentes, cuando la ternura y la esperanza se instalan desde las instituciones que emergen en los territorios de manera autogestiva y con el apuntalamiento de diferentes referentes comunitarios:

[14] *Sandra está ayudando a preparar mis 15. Hace lo que mi familia no hace. Sabe los problemas míos. Me tiene en cuenta. El comedor es el lugar. Me siento que me cuidan y que me quieren ahí (...) Te dan ganas de ponerte bien, de quererte* (Paula, 14 años, grupo focal).

[15] *Lo bueno fue empezar primer año de la escuela. Ahí tuve nuevos amigos. Todo un cambio de hacer nuevas cosas, que no sea siempre lo mismo. Empecé a pensar cosas más buenas* (Damián, 17 años, relato de vida).

El espacio comunitario y autogestivo del comedor barrial [14] cumple una función no solo de garantizar el derecho a la alimentación, sino que también se ofrece como un ámbito de sostén intergeneracional reparatorio de las relaciones fallidas con otros adultos, especialmente del ámbito familiar. La escuela [15] igualmente convida a la salida exofamiliar, que permite reorganizar la cotidianidad desde otras lógicas, proyectos y vínculos (Quintal de Freitas, 2008).

El plano de la realidad discursiva alude al encuentro con el otro en tanto referentes e instituciones que devuelven una interpretación sobre la trayectoria de vida sobre los sujetos narradores y permiten realizar reinterpretaciones restropectivas y prospectivas acerca de lo vivido, lo fantaseado y lo imaginado (Kornblit, 2007; Bertaux, 2005):

[16] *Estudio para llegar a ser maestra. 2017 voy a seguir estudiando. Voy a salir a bailar si me dejan que ya creo que sí. 2020 voy a ser maestra de fisicoquímica. 2023 voy a decidir a tener hijos y darles un futuro. Me quiero casar. Sandra me va a ayudar y yo la voy a ayudar a ella con el comedor* (Julieta, 13 años, relato de vida).
[17] *Estudiar hasta 2018. Después trabajar. Después formar una familia en 2020. Tener un hijo y una hija. Seguir acá* [programa social] (Julián. 15 años, relato de vida).

En este estudio, las narrativas de las instituciones de sostén extrafamiliares [17] (escuela, comedor, programa social) y de los principales referentes adultos [16] (Sandra, Mario) se configuraron como puntales identificatorios subjetivantes que permitieron imaginar proyectos futuros de no-exclusión. Los proyectos de estudio y trabajo, de cuidado de las futuras generaciones y de apropiación de los espacios comunitarios en los que niños, niñas y adolescentes pueden agenciarse señalan caminos posibles de restitución de derechos a partir del fortalecimiento del entramado social, aun frente a las violencias estructurales, simbólicas e intersubjetivas, en el sentido de lo que Zizek (2013) denomina como trípode de las violencias, y que, a su vez, amenazan la exacerbación de los procesos de vulnerabilización de las trayectorias de vida.

Discusiones y conclusiones

Las validaciones pragmáticas, semánticas y hermenéuticas se desplegaron en las formas y funciones de los recursos narrativos biográficos. Mediante el *bricolage* de múltiples herramientas gráficas, orales, interaccionales, de artefactos culturales y sociales, consideramos el entorno sociocultural estructural —semiótico— y las dimensiones de la subjetividad para llevar adelante esta investigación, en consistencia con la matriz interpretativa propuesta desde la psicología social comunitaria (Wiesenfeld, 2016; Montero, 2004).

El ejercicio de reconstrucción de la biografía singular y colectiva interpela las inflexiones e insistencias de exclusión en las trayectorias de vida de niños, niñas y adolescentes en situaciones de vulnerabilidad psicosocial, pues propicia la dialogicidad y la reinterpretación de acciones o eventos en un proceso de producción de narrativa identitaria (Hall, 2003; Ricoeur, 2008) de los sujetos participantes de programas sociales de restitución de derechos.

Las autopercepciones de discriminación de los otros a través de la mirada o los actos y los atributos devaluados de sus territorios de pertenencia constituyen un registro de las diferencias singulares y colectivas marcadas en sus cuerpos y discursos. Las violencias sociales estructurales (precarización del trabajo, violencia social y contaminación del hábitat) se conjugan con la crisis de las instituciones familiares, donde el sostén intergeneracional falla. La violencia física, el abandono y los abusos configuran núcleos significativos de vulneración de derechos, que se reactualizan como violencias sobre sí mismos. Estos diferentes procesos de negación del reconocimiento producen diferentes procesos de vulnerabilización afectiva, corporal, simbólica y/o relacional que configuran ciudadanías parciales para estas infancias, aun cuando participen de programas sociales de restitución de derechos.

La violencia omnipresente —objetiva y subjetiva en términos de Zizek (2013)— que aparece en las narrativas de chicos y chicas opera fragilizando las existencias, denegando posibilidades de sostén en los vínculos primarios (de referentes familiares) imprescindibles en la infancia y propiciando procesos desubjetivantes. Es decir que la violencia en sus distintas dimensiones: social, simbólica y directa (maltrato, abandono, etc.), impele a estados de mera supervivencia (en el sentido material y psicosocial) cuando la falta de vínculos intersubjetivos en el presente constriñe e, incluso, clausura la fantasía sobre "lo" porvenir, esto es, en la proyección de los chicos y chicas hacia un futuro diferente al de la violencia y la exclusión.

Los casos presentados interrogan la eficacia de las políticas sociales con las infancias y adolescencias en los territorios marginalizados. Los dispositivos de restitución de derechos abordados, intentan promover prospectivas vitales no mortíferas a partir de la habilitación de discursos sociales de reconocimiento hacia las infancias y adolescencias excluidas, pero sin incidir en las violencias estructurales. Las estrategias de reconstrucción del lazo social y la apuesta a las instituciones de la comunidad posibilitan otros soportes subjetivantes que promueven la exigibilidad y el acceso progresivo a los derechos en la medida en que los chicos y chicas pueden reconocerse intersubjetivamente en un "soy" con el otro. Así, los abandonos parentales y las fantasías compensatorias ilusorias que aparecen en algunos relatos de vida y en la producción colectiva de los grupos focales son resignificados a partir del reconocimiento que, en términos de Honneth (1997), incluye la esfera de la solidaridad social (referentes comunitarios) y la esfera de los derechos (los programas sociales y las instituciones como la escuela).

El cuidado y reconocimiento de sí por otros significativos, la ternura como afecto frente a la hostilidad y mortificación habitual de sus trayectorias y la posibilidad de habilitar/habitar espacios de formación, capacitación y encuentro son tres dimensiones habilitantes para imaginar proyectos y esperanzas. Aparecen como posibles caminos para la exigibilidad de los derechos desde estos dispositivos de programas sociales y organizaciones comunitarias que se posicionan desde la perspectiva de la protección integral de derechos para las infancias.

Recomendaciones

Desde la psicología social comunitaria, considerar las trayectorias de vulnerabilización de niños, niñas y adolescentes en la perspectiva de exigibilidad de sus derechos plantea como desafíos:

- Valorar los registros epidemiológicos cuantitativos de niños, niñas y adolescentes en situación de vulnerabilidad, pero también contribuir, desde una perspectiva intensivo-cualitativa, para reconocer las trayectorias vitales en los contextos socio-históricos donde acontecen.
- Dar lugar a la voz de los niños, niñas y adolescentes como sujetos con capacidad de reflexionar y tomar decisiones acerca de sus propias vidas.

- Identificar programas sociales y dispositivos comunitarios alternativos o sustitutivos a la lógica tutelar que habiliten la dialogicidad desde un enfoque ético basado en la relación y que consideren a los niños, niñas y adolescentes como sujetos de derecho.
- Promover procesos colectivos de reconocimiento y exigibilidad de derechos de niños, niñas y adolescentes.

3

Nudos críticos ante la precarización de las políticas de infancias y desafíos de los dispositivos

MARÍA PÍA PAWLOWICZ, BRENDA RIVEROS,
MARÍA MALENA LENTA E IVÁN FELIPE MUÑOZ

El devenir cotidiano de los/as trabajadores/as del campo de las infancias y adolescencias se encuentra atravesado por las condiciones de trabajo, las políticas públicas y las transformaciones paradigmáticas en el pasaje de las lógicas de tutela a las de derechos.

En este capítulo nos interrogamos acerca de las afectaciones subjetivas y colectivas que atraviesan estos colectivos de trabajadores, tensionadas entre los procesos estructurales de expulsión social y la inclusión de niños, niñas y adolescentes en las tramas institucionales-sociales; y entre las lógicas tutelares que insisten en la objetualización de las infancias vulnerables en diferentes ámbitos de las políticas sociales y la construcción de ciudadanías infantiles.

Se desarrollan tres líneas de análisis que describen: el piso básico de los derechos de los/as trabajadores/as, la deslocalización del tiempo y el espacio de trabajo y la producción de cuidados.

En Argentina, el campo de las políticas de infancias ha asistido a una transformación paradigmática a partir de la incorporación de la Convención Internacional de los Derechos del Niño (CIDN) en el ámbito constitucional en el año 1994, que habilitó progresivamente un cambio tanto normativo como de políticas públicas en el abordaje de las infancias y adolescencias. En el año 2005, el Sistema de Protección Integral de Derechos de Niños Niñas y Adolescentes, creado en el marco de la Ley 26.061 de Protección Integral de los Derechos del Niño, constituyó la arquitectura institucional que terminó por derogar la Ley 10.903/1919 del Patronato de Menores e instauró un enfoque basado en el interés superior del niño y la concepción de la integralidad de derechos como principios hermenéuticos del conjunto de las instituciones dedicadas a la restitución de derechos de niños, niñas y adolescentes.

No obstante, este proceso de transformación paradigmática que enfatiza la identificación de niños, niñas y adolescentes como titulares de derechos, en lugar de la lógica anterior que los consideraba como objetos de tutela del Estado, se produjo en un contexto progresivo de infantilización de la pobreza estructural y precarización de la vida de un vasto sector infantil ligado a las décadas de políticas neoliberales. A su vez, esto fue acompañado por la descentralización de los programas de asistencia directa de las infancias a cada una de las jurisdicciones, pero no así del total del presupuesto ni de sus trabajadores/as.

En este marco, surgieron nuevos programas de las políticas sociales dirigidos a las infancias y adolescencias con la centralidad en la inclusión y el protagonismo infantil. Tales programas, como las defensorías de derechos del niño, los programas territoriales de restitución de derechos y revinculación familiar, entre otros, se acoplaron a los viejos programas que provenían de la arquitectura institucional del Patronato de Menores (como los antiguos hogares-escuela para niños y niñas pobres, los institutos de "menores", etcétera).

En la última década, un conjunto cada vez más amplio de profesionales jóvenes o en formación (principalmente psicólogos/as y trabajadores/as sociales) fueron empleados/as como técnicos/as para su implementación.

En los contextos laborales de este campo se recrean las transformaciones contextuales tanto retóricas como normativas y de dispositivos sustentados en el paradigma de la protección integral de derechos de niños, niñas y adolescentes. El trabajo cotidiano deviene así en el escenario complejo de la vulnerabilización estructural de los derechos de niños, niñas y adolescentes vinculada a los procesos de deslocalización y precarización del trabajo, y del clivaje de instituciones tradicionales como la familia, la escuela, el hospital y el hábitat, que operan como soportes intergeneracionales apuntalando la construcción del porvenir infantil.

En sus prácticas cotidianas los/as trabajadores/as del campo de las políticas de infancias experimentan diversas tensiones productoras de afectaciones subjetivas y colectivas: entre los procesos estructurales de expulsión social y la inclusión de niños, niñas y adolescentes en las tramas institucionales-sociales, y entre las lógicas tutelares que insisten en la objetualización de las infancias vulnerables en diferentes ámbitos de las políticas sociales y la construcción de ciudadanías infantiles.

Como fuentes del sufrimiento, estas tensiones amenazan las identidades como trabajadores/as y se imbrican negativamente con las propias condiciones precarias de contratación y la falta de recursos materiales e institucionales para llevar adelante la tarea, apuntalando el malestar. Esto pone en tela de juicio la eficacia de las prácticas y configura interrogantes sobre el porvenir tanto de las infancias y adolescencias con derechos vulnerados, como así también de los/as propios/as trabajadores/as.

En este capítulo, nos interrogamos acerca de estos colectivos de trabajadores/as que conforman un actor social clave en la implementación de las políticas públicas, ya que operan mediatizando la reparación del daño, entre el Estado y cada niño, niña o adolescente con derechos vulnerados. En este marco nos interrogamos acerca de cuáles son entonces las afectaciones subjetivas y colectivas que atraviesan los/as trabajadores/as que desarrollan sus prácticas con infancias y adolescencias con derechos vulnerados. ¿Cómo se configuran las condiciones de trabajo en estos escenarios? ¿De qué manera se estructuran el tiempo y el espacio en las dinámicas de los procesos de trabajo? ¿Cuáles son los obstáculos y las posibilidades de las prácticas que se enuncian como restitutivas de derechos?

Pero antes de presentar los datos y su interpretación, consideramos necesario situarlos en el marco de las transformaciones históricas globales en el mundo del trabajo que configuran las prácticas de las/os trabajadoras/es del campo de las políticas de infancias.

Precarización del campo del trabajo y de los/as trabajadores/as de las políticas sociales

En las últimas décadas del siglo XX, los servicios públicos, como los de salud, energía, educación, telecomunicaciones y las políticas sociales, entre otros, sufrieron un notable proceso de reestructuración y se subordinaron a la máxima de la *mercantilización*. Ésta afectó fuertemente tanto a los/as trabajadores/as del sector estatal como a los de otros sectores de la economía, como lo es el sector de la industria (Antunes, 2009). En todos los ámbitos, se intensificaron las formas de extracción de plusvalor del trabajo, se ampliaron las tercerizaciones y se flexibilizaron las condiciones de trabajo.

La metamorfosis de las nociones de espacio y de tiempo comenzaron a hacerse más visibles a medida que se incorporaron nuevas tecnologías de la información y la comunicación al servicio de la intensificación del trabajo, de modo que se borraron los límites temporales y territoriales entre trabajo y no trabajo, tanto en el campo de la producción de mercancías materiales como inmateriales, es decir, corpóreas o simbólicas. Y esto se torna más complejo en los espacios de trabajo en donde predominan las modalidades de trabajo inmaterial, comprendido en términos de Marx, como contrapuesto al concepto de trabajo productivo. Se trata de trabajos que no forman valor, pero que hacen que el valor se mueva con más rapidez y que dan mayor dinámica al proceso de valorización. En el caso de las políticas de infancias, las prácticas de las/os trabajadoras/es del sector se inscriben allí mismo en el plano de la inmaterialidad, pues lo que producen es cuidado, en tanto operan en el plano intersubjetivo, apuntalando o recreando vínculos sociales entre los niños, niñas y/o adolescentes con derechos vulnerados y el mundo adulto.

En este marco, las lógicas de la tercerización y flexibilización laboral que configuran el proceso de trabajo de dichos/as trabajadores/as opaca el plano de la objetivación de las prácticas del trabajo inmaterial, conjugando incertidumbres, malestares y vicisitudes en las identidades profesionales.

Desde el campo de la salud colectiva, Emerson Merhy (2006) entiende el trabajo inmaterial de cuidado como trabajo vivo en acto. Esta forma de comprenderlo revela la fuerza extraordinaria que tienen los propios trabajadores como promotores del cambio en sus prácticas, que sin embargo se encuentran constreñidas por los condicionamientos estructurantes del proceso de trabajo. Pero al considerar el plano micropolítico del trabajo vivo en acto, se puede señalar que el principal atributo del trabajo vivo es la libertad, el autogobierno del trabajador sobre su proceso de trabajo. Y se coloca al/la trabajador/a en la posición de ser el/la principal agente de cambio.

Por lo tanto, el trabajo vivo en acto opera como una máquina de guerra política, demarcando interesadamente territorios y defendiéndolos; y como una máquina deseante, valorando y construyendo un mundo para sí (dentro de una cierta ofensiva libidinal). El trabajo vivo en acto opera con tecnologías blandas como un doblez: por un lado, como un modo de gobernar organizaciones, de dirigir procesos construyendo sus objetos, recursos e intenciones; por el otro, como una manera de actuar para la producción de bienes/productos, siendo una de las dimensiones tecnológicas captoras que da la "cara" de un modelo de atención en el campo de la producción del cuidado.

Precarización de las infancias en el borde de la expulsión social en la CABA

El contexto laboral desarrollado en el punto anterior constituye el escenario en el que se presentan las situaciones de vulneración de derechos de niños, niñas y adolescentes que los/as trabajadores/as del campo de las políticas sociales de infancias deben abordar en su trabajo cotidiano. Tales situaciones dan cuenta de una distribución diferenciada de la precariedad (Butler, 2017), en función de la cual ciertos grupos de la población quedan más expuestos a caer en la pobreza, a sufrir enfermedades, a la violencia y a la muerte. De acuerdo con lo propuesto por Butler (2017), todas las personas comparten la condición de precariedad en tanto todas dependen de las relaciones sociales y del soporte infraestructural para vivir una vida vivible; sin embargo, ciertos colectivos sufren más que otros cuando las redes de apoyo desaparecen por razones económicas. En este sentido, la mencionada autora plantea que la precariedad es una condición políticamente impuesta que maximiza la vulnerabilidad de determinados colectivos, por lo cual no todas las vidas gozan del mismo derecho a ser vividas.

Para comprender las situaciones de vulneración de derechos de niños, niñas y adolescentes presentamos a continuación algunos datos que dan cuenta de la precarización de la vida de ciertos sectores de la población infanto juvenil en el ámbito de la CABA.

La tendencia creciente a la feminización e infantilización de la pobreza es un fenómeno que se expresa a nivel global (UNESCO, 2016; CIPPEC, 2016). En la Argentina el porcentaje de personas en situación de pobreza alcanza el 29,7%, pero el número asciende al 47,7% al contar a los/as niños, niñas y adolescentes que viven en hogares pobres (UNICEF, 2017a).

La desigual distribución de la pobreza y las precariedades en el ámbito de la CABA se expresan en el hecho de que las comunas de la zona sur (comunas 4, 8, 9 y 10), en contraposición a las comunas de la zona norte (comunas 2, 13 y 14), presentan un mayor porcentaje de hogares pobres a cargo de mujeres, una mayor población joven y una niñez más vulnerable (Mazzeo, Lago, Rivero y Zino, 2012). Para el primer trimestre de 2017, por ejemplo, los ingresos familiares para la zona norte promediaban los $37.762, mientras que en la zona sur alcanzaban los $25.958 (DGEyC, 2017a).

Otro dato relevante es la tasa de mortalidad infantil, que en la CABA presenta una tendencia en ascenso desde el año 2010 (Departamento Epidemiología, 2015). En el año 2016 la tasa de mortalidad infantil para dicha jurisdicción fue del 7,2 por cada mil niños nacidos vivos (DGEyC, 2017b). Sin embargo, las tasas de mortalidad infantil en parte de las comunas del sur alcanzan cifras muy superiores: 11,9/1000 nv en la comuna 4; 9,7/1000 nv en la comuna 8; y 10,1/1000 nv en la comuna 9 (DGEyC, 2017b). Lo que revelan estos datos son fuertes inequidades en el acceso a la atención en salud.

Por otro lado, en la CABA el 23% de los/as adolescentes se encuentran en situación de déficit educativo, dado que el 40% de los/as adolescentes en los estratos sociales más bajos no asisten a la escuela o lo hacen con sobre-edad (Tuñón, 2016). Según UNICEF (2017b), las principales causas de interrupción de las trayectorias escolares en la Argentina se relacionan con la inserción temprana en el mercado de trabajo y el embarazo adolescente. Se destaca el hecho de que casi la mitad de las adolescentes que son madres se encuentran fuera del sistema educativo al momento del embarazo, y que 1 de cada 4 no termina la escuela primaria (UNICEF, 2017b).

Los datos presentados por el Consejo de los Derechos de Niñas, Niños y Adolescentes (CDNNYA, 2016) de la CABA revelan que durante el año 2016 las intervenciones iniciadas por ese organismo para la restitución de derechos de niños/as y adolescentes se relacionaron principalmente con la protección contra situaciones de violencia —entre las que se incluyó ser testigos de violencia familiar— y el derecho a la convivencia familiar (motivos indicados para 77% de las intervenciones), y con la protección del derecho a la educación y a la salud. Esas nuevas intervenciones alcanzaron a un total de 10.412 niñas/os y adolescentes. Además, en el mismo año el mencionado organismo realizó el seguimiento de la situación de un total de 1.053 niños/as y adolescentes que se encontraban institucionalizados en dispositivos de alojamiento.

En el abordaje de las múltiples situaciones de vulneración de derechos que tienen lugar en este contexto intervienen distintos actores e instituciones. En el próximo punto presentamos una breve descripción del sistema político institucional de la CABA que organiza las respuestas gubernamentales y no gubernamentales operativizadas por los/as trabajadores/as del sector.

Contextualizaciones del campo de las políticas de infancia en la CABA

El Sistema de Promoción y Protección Integral de Derechos de Niños, Niñas y Adolescentes (SPIDNNA) está conformado por todos los organismos, entidades y servicios encargados de diseñar, planificar, coordinar, orientar, ejecutar y supervisar las políticas públicas; destinados a la promoción, prevención, asistencia, protección, resguardo y restablecimiento de los derechos de niños, niñas y adolescentes (Ley 26.061, 2005, art. 32). Se trata de un sistema institucional político, social y familiar que se apoya en la idea de la corresponsabilidad entre el Estado, la sociedad y las familias respecto de la protección de los derechos de los/as niños, niñas y adolescentes.

Parte de ese conjunto de instituciones se habían conformado previamente en el ámbito de la Ciudad Autónoma de Buenos Aires a partir de la Ley 114 de Protección integral de los Derechos de Niños, Niñas y Adolescentes sancionada en 1998. Se destaca la creación del Consejo de los Derechos de Niños, Niñas y Adolescentes (CDNNYA) como organismo especializado a cargo de la promoción y protección de los derechos de la población infanto-juvenil en esa jurisdicción.

El CDNNYA, que integra el área Jefatura de Gobierno de la Ciudad, goza de autonomía técnica y administrativa, y autarquía financiera. Parte de sus funciones es: diseñar y aprobar los programas necesarios para el cumplimiento de los derechos consagrados en la Ley 114, y articular las políticas públicas de todas las áreas de gobierno, en los aspectos vinculados con las infancias y adolescencias. Para el ejercicio de sus funciones el CDNNYA cuenta con diversos programas centralizados destinados al abordaje de problemáticas específicas como por ejemplo: maltrato infanto-juvenil, trata de personas, explotación laboral y sexual, y trabajo infantil. A su vez, cuenta con 18 defensorías zonales ubicadas en todas las comunas de la ciudad, y con servicios de atención permanente para intervenir de forma inmediata en situaciones de urgencia y emergencia (la Guardia Jurídica Permanente, por ejemplo).

Para el abordaje de las problemáticas de vulneración de derechos de niñas, niños y adolescentes el CDNNYA debe coordinar acciones con otros organismos gubernamentales (como Salud y Educación) y de la sociedad civil (como centros comunitarios o asociaciones religiosas).

Por otro lado, el Ministerio de Hábitat y Desarrollo Humano, como parte del SPIDNNA, es el organismo encargado de ejecutar las políticas públicas de infancia y adolescencia, y de implementar circuitos y programas de atención directa para niños, niñas y adolescentes en situación de vulnerabilidad social, a fin de garantizar el ejercicio de sus derechos. Algunos de estos programas se dedican específicamente a trabajar en el fortalecimiento de vínculos familiares y comunitarios; brindar talleres educativos, culturales y lúdicos para la promoción y protección de derechos; acompañar y atender a niñas, niños y adolescentes ante situaciones de explotación sexual comercial infantil; brindar alojamiento y la atención integral de niños, niñas y adolescentes en situación de calle (centros de día y noche, paradores).

Camino metodológico

Esta línea de investigación se desarrolló como parte del Proyecto UBACYT "Exigibilidad del derecho a la salud: prácticas instituyentes y dispositivos psicosociales en la zona sur de la CABA", dirigido por la profesora Graciela Zaldúa y codirigido por la profesora María Marcela Bottinelli.

Desde el marco de la psicología social comunitaria, y con un enfoque cualitativo, en este capítulo se presentan resultados de una submuestra intencional de 36 participantes de 20 instituciones del SPIDNNA que se ocupan de las infancias precarizadas. Se desarrolló una entrevista semiestructurada, y el trabajo de campo se realizó entre junio de 2015 y noviembre de 2016. Se siguieron los principios éticos de confidencialidad, voluntariedad y anonimato. El análisis de datos combinó el análisis de contenido con el análisis crítico del discurso, con el soporte del programa Atlas.ti.

Las/os 32 trabajadores/as entrevistados/as fueron mayormente mujeres (27 vs. 5 varones) y sus edades oscilaron entre los 26 y los 52 años. Casi la mitad (14) eran psicólogos/as (siendo una de ellas además politóloga), 10 eran trabajadores/as sociales (más 1 estudiante de dicha carrera), 4 eran docentes (una también estudió Ciencias de la Educación), una era abogada, una era militante social y otra era socióloga.

De las 20 instituciones, 9 dependían del Ministerio de Hábitat y Desarrollo Humano, 3 del Consejo de los Derechos de Niños, Niñas y Adolescentes, 2 del Ministerio de Educación y 3 del Ministerio de Salud, y 3 eran organizaciones y/o movimientos sociales.

Desatando nudos desde las voces de las/os trabajadoras/es en el campo de las infancias y adolescencias

El análisis de las formas actuales de trabajo que emergen en los dispositivos psicosociales destinados a las infancias y adolescencias precarizadas permite abordar la relación entre trabajo y producción de subjetividad.

A partir de los materiales empíricos desplegamos algunas líneas de análisis acerca tres dimensiones que se reiteran:

1. El piso básico de los derechos de los/as trabajadores/as.
2. La deslocalización del tiempo y el espacio de trabajo.
3. "Lo básico nos lo mandan, lo subjetivante lo conseguimos nosotros". De la precarización serializante al reconocimiento.

1. El piso básico de los derechos de los/as trabajadores/as

En el campo de las políticas de infancias las condiciones de trabajo son heterogéneas, aunque prevalece la precarización que adopta diversas modalidades. Un signo claro de esto es que en las instituciones coexisten condiciones salariales y contractuales diferentes en los mismos equipos. Ante las mismas tareas, los sujetos que trabajan juntos generalmente cuentan con contratos que representan diferentes niveles de formalidad y de condiciones salariales.

> *Los sueldos son dispares en el programa. Depende del tipo de contratación. Hay locación, planta y contrato transitorio. Todos cobramos poco, pero hay diferencias. Los de planta transitoria cobran menos. La paritaria fue mala. Eso es un gran problema. Lo otro es que hay pocos recursos materiales, no hay viáticos y muchas cosas traemos nosotros de nuestras casas (...) Y sinceramente, el sueldo que nos pagan no está para nada acorde a la tarea ni a las horas que uno hace. Tampoco alcanza para que yo me tenga que andar pagando mi propia terapia externa [se ríe] para poder lidiar con la angustia que me genera el trabajo* (psicóloga, centro de día y noche, Min. Desarrollo humano y Hábitat).

> *Nosotros acá tenemos contratos de planta transitoria, contratos de locación de servicios y tercerizados. Los tres niveles o modelos de contratación* (psicólogo, centro de día y noche, Min. Desarrollo humano y Hábitat).

> *(...) acá hay compañeros con transitoria y también, contratos de locación. Como éste es un lugar viejo, no hay tantos. Hemos tenido muchos conflictos para lograr los contratos bien, pasamos por muchos tipos de organizaciones sindicales, delegados con otros programas de niñez y qué sé yo, mucho. Pasamos por mucho para lograr mejores condiciones* (docente, casas de niños/as y adolescentes, Min. Desarrollo humano y Hábitat).

Los ingresos de los trabajadores y las trabajadoras son bajos y no resultan suficientes para sostener sus necesidades básicas. Además no se correlacionan con la carga laboral, las responsabilidades y las implicaciones subjetivas que involucran trabajos con población muy vulnerable y situaciones muy complejas y conflictivas.

> *Es una ONG y hay gente que está hace mucho y cobra y voluntarios. Hay de todo, todo. Incluso también pasantes, estudiantes de universidad que hacen prácticas. Cobran los talleristas no voluntarios y la parte de gestión. Monotributo. Claro, nadie vive, o casi nadie, solo de esto porque no todos trabajan muchas horas* (operadora, centro cultural, OSC).

Las condiciones de trabajo involucran también pluriempleo a raíz de los bajos ingresos, alta rotación, falta de capacitación y supervisión, funciones y responsabilidad difusas en los equipos.

> *(...) por la poca cantidad de personal que hay consiste en hacer todo. Termino haciendo lo mismo que un operador. Mi tarea en sí es por ahí un poco más institucional, de organizar los grupos, como de formación, trabajar con el afuera, hacer conocer el dispositivo con el afuera. Pero la realidad, en lo concreto, pasa eso y pasa que tengo que sacar un pibe porque está brotado* (psicólogo, centro de día y noche, Min. Desarrollo humano y Hábitat).

El malestar ante las condiciones de trabajo es significado por los/as entrevistados/as como un límite para proyectar estrategias de trabajo a mediano y largo plazo, y para resolver situaciones complejas que involucran a otros actores institucionales y problemáticas de larga data en las trayectorias de vida de niñas, niños y adolescentes.

La imposibilidad de contar con condiciones físico-ambientales básicas y dignas, las dificultades para tener supervisiones de la tarea y la frustración por el poco reconocimiento de un trabajo muy comprometido emocional y físicamente exacerban el malestar que emerge ante las demandas avasallantes. Éstas impactan en los sujetos y producen una desorganización subjetiva que dificulta la capacidad de análisis y la elaboración de tales situaciones.

Uno de los modos en que son interpretadas estas experiencias de trabajo aparece expresado en la sentencia de una de las entrevistadas: *"nunca van a pagarme eso"*. Al mismo tiempo, las referencias al desgaste físico fueron constantes (*"poner el cuerpo"*, *"mucho cuerpo, y mucha cabeza"*, *"que no sea todo tan a pulmón"*, *"me consume"*).

> *Los abogados todos tienen casos particulares, los psicólogos atienden pacientes por fuera, entonces digo, si tuviéramos un sueldo digno que permita vivir de un trabajo, y podríamos abocarnos a hacer este trabajo y no tener la necesidad de tener otros trabajos que realmente le quitan tiempo y paciencia a éste. Eso desde ya* (abogada, defensoría zonal, CDNNYA).

> *Nosotros estamos queriendo tener supervisión grupal. No nos dejan (se ríe). Los hogares tienen una supervisión propia. No sé... Así que vamos a empezar por esa supervisión (...) Si vos tenés una supervisión externa podés plantear: "La verdad que me siento frustrado. No llego a fin de mes y eso me quema la cabeza. Y no puedo buscar otro trabajo". Ponele. No sé, lo que pueda surgir. Y uno trabajará eso en su supervisión como pueda* (psicóloga, dispositivo de alojamiento, Min. Desarrollo Humano y Hábitat).

En los trabajos de cuidado, la precariedad de las condiciones materiales deviene precarización subjetiva cuando los soportes se quiebran. Como señala Butler (2017: 132),

> (...) los cuidadores no solo se ocupan de otras personas, sino que además necesitan tener cubiertas sus propias necesidades de apoyo (es decir, condiciones dignas en materia de trabajo y descanso, de salarios, de vivienda y de atención médica). Las condiciones de apoyo para los momentos más vulnerables de la vida son en sí mismas vulnerables, y en parte obedecen a cuestiones infraestructurales y en parte a elementos humanos y técnicos.

En las narrativas de estos/as trabajadores/as de las políticas de infancias, el cuerpo queda expuesto como último soporte, como un instrumento mediador de la intervención que se convierte en un acto de salvataje o martirio sacrificial. Ante las condiciones de precarización del trabajo, el objetivo de las intervenciones sólo puede alcanzarse a costa de la propia resignación como sujeto. Frente a ello, son las instancias de organización entre las/os trabajadoras/es en función de reconocer el malestar que es singular, pero también colectivo —en tanto las prácticas se inscriben en un escenario común—, las que favorecen el desarrollo de estrategias de afrontamiento del malestar al transformar en demanda social el registro de las precariedades vividas de manera singular.

Y después también lo que tenemos es el sindicato, que yo creo que es una herramienta también para uno, por lo menos, no sentirse —como dicen los pibes—, no sentirte tan zarpado. En el sentido de que, nada, de repente uno está comprometido con el trabajo, intenta hacer lo mejor. Pero te encontrás con que tenés un sueldo insuficiente, con que no tenés los recursos, con que la realidad con la que laburás es extremadamente compleja. Decís: "ya fue, tiro la toalla". No, el sindicato es como que te da otra vía de decir: "bueno, vamos a pelear por nuestros derechos" (psicóloga, centro de día y noche, Min. Desarrollo humano y Hábitat).

Hemos tenido muchos conflictos para lograr los contratos bien, pasamos por muchos tipos de organizaciones sindicales, delegados con otros programas de niñez y qué sé yo, mucho. Pasamos por mucho para lograr mejores condiciones. No es que sean grandes sueldos, pero si lo ves en comparación con otros lugares del propio Estado, te das cuenta que nuestro contrato de planta es bueno (docente, dispositivo territorial, Min. Desarrollo Humano y Hábitat).

Como señalan las narrativas, ello favorece el reposicionamiento individual al transformar a las/os trabajadoras/es en actores sociales agentes de cambio.

Sin embargo, la dinámica de los procesos de flexibilización y precarización laboral provocan y estructuran una serie de movimientos de deslocalización del tiempo y del espacio en el trabajo que afectan la organización del trabajo y producen nuevos interrogantes y problemáticas. En el próximo apartado nos interesa explorar el modo en que la dimensión témporo-espacial del proceso de trabajo participa en la producción de afectaciones subjetivas de trabajadores y trabajadoras del campo de las políticas de infancias.

2. La deslocalización del tiempo y el espacio de trabajo

Comencemos por uno de los principales aspectos a considerar, que es la cantidad de horas que las personas dedican a las actividades laborales, incluso en el propio domicilio y fuera del horario laboral formal. En principio, se destaca el hecho de que la carga horaria que destinan al cumplimiento de las tareas que los dispositivos demandan no siempre coincide con el tiempo de trabajo reglamentado por las distintas modalidades de contrato. En este sentido, se instaura una forma trabajo que requiere "horas de más":

> *Muchos que se queden horas de más por alguna situación, acompañando. (...) Yo un montón de veces trabajo 12, 14 horas acá adentro. (...) antes no usaba celular y ahora me despierto con mensaje y me voy a dormir con mensaje. Y es contestando miles de grupos, miles de gente que te llama. Porque es eso, termina un montón de gente —que no sabés quién carajo es— teniendo tu teléfono. (...) y te llaman a cualquier hora* (psicóloga, dispositivo de alojamiento, Min. Desarrollo Humano y Hábitat).

> *También a veces nos cuesta cortar, como no atender el teléfono el fin de semana. Me pasó que el viernes estaba en una cena y me llega un texto con un chico que tenía un problema, que quedaba en la calle, se había peleado con la familia* (trabajadora social, programa de abordaje territorial, Min. Desarrollo Humano y Hábitat).

En los fragmentos propuestos el tiempo que las personas destinan a su trabajo se presenta a modo de un exceso que rebasa el encuadre prefigurado por los criterios formales del dispositivo. Las nuevas tecnologías cumplen un papel importante en la configuración de estas situaciones, donde las interacciones laborales borran las distancias e invaden el ámbito de la vida cotidiana. De este modo, se instituye una temporalidad no regulada, no limitada, que avanza sobre otro tiempo y espacio no laboral. Además, se trata de horas no pagas. Es decir, horas de trabajo que no están formalmente reconocidas como tales y por las cuales no reciben remuneración. Sobre estas formas de flexibilización horaria y salarial —entre otras— se soporta lo que Antunes (2009) describe como la "informalización del trabajo" en plena era de la "informatización del trabajo".

A su vez, en un marco general de precarización estructural del trabajo, los trabajadores y las trabajadoras desarrollan estrategias para administrar sus horarios laborales a los fines de poder sostener varios empleos y alcanzar de ese modo un salario acorde a sus necesidades:

> (...) *no vamos los cinco días de la semana, vamos tres o cuatro por la necesidad de tener otro trabajo los otros dos días. Los abogados todos tienen casos particulares, los psicólogos atienden pacientes por fuera, entonces digo, si tuviéramos un sueldo digno que permita vivir de un trabajo, y podríamos abocarnos a hacer este trabajo y no tener la necesidad de tener otros trabajos que realmente le quitan tiempo y paciencia a éste* (abogada, defensoría zonal, CDNNYA).

> *Todos tenemos más de un trabajo acá. Con este no vivís. Entonces se arregla venir tres veces. Eso hace que cueste más trabajar* (psicóloga, programa de abordaje territorial, Min. Desarrollo Humano y Hábitat).

Por lo tanto, las condiciones laborales en los dispositivos psicosociales del campo de las políticas de infancias operan produciendo lógicas de administración de los tiempos que tienen como efecto la sobrecarga de los trabajadores y las trabajadoras del sector.

En cuanto al espacio de trabajo, también se evidencian límites difusos. En ocasiones, los sujetos realizan parte de sus tareas en lugares ajenos a la sede del dispositivo, como consecuencia de las condiciones en las que se encuentra el espacio de trabajo:

> *Estamos en un lugar prestado, hasta nos cuesta a veces tener el lugar, no tenemos computadora, trabajamos cosas en nuestras casas. Nuestros teléfonos usamos* (trabajadora social, programa de abordaje territorial, Min. Desarrollo Humano y Hábitat).

Pero a su vez, la especificidad de la tarea que se realiza en los dispositivos destinados a las infancias en situación de vulnerabilidad demanda una serie de intervenciones que transcurren en el "afuera":

> *Generalmente nosotros, de un grupo de 4 operadores, nunca están los 4 acá porque siempre hay intervenciones afuera. Como se trabaja en pos de restituir derechos hay que salir a hacer un documento, hay que llevar a un pibe al médico, se hacen visitas a los domicilios* (psicólogo, centro de día y noche, Min. Desarrollo Humano y Hábitat).

> *Por ejemplo, después de acompañar a un chico a hacerse un estudio, fuimos a Mcdonald's a comer. Y estuvo buenísimo. Y fue recontra parte de la intervención y de afianzar la relación y hablar muchas cosas. Pero claro, lo pagué yo. Pagué el almuerzo. Nunca van a devolverme eso* (trabajadora social, programa de abordaje territorial, Min. Desarrollo Humano y Hábitat).

Ahora bien, dado que esos "otros" escenarios de trabajo no están íntegramente reconocidos por las instituciones, también se muestran atravesados por los procesos de precarización laboral. La mayoría de los dispositivos no contemplan un número de trabajadores/as apropiado para el desarrollo simultáneo de tareas dentro y fuera de su sede. Además, los gastos que se generan en las intervenciones que se realizan en el "afuera" —incluso los traslados— no suelen estar cubiertos por la institución, y son costeados por los/as trabajadores/as.

La situación más frecuente en los relatos da cuenta de que son equipos reducidos para el caudal de trabajo y el tiempo que implica. Señalan que los recursos humanos con los que cuentan los dispositivos no son suficientes para el desarrollo de las tareas en los tiempos que las éstas requieren.

> *Todo el mundo termina haciendo todo. Porque somos pocos y porque la tarea lleva mucho tiempo* (psicólogo, centro de día y noche, Min. Desarrollo Humano y Hábitat).

> *Sí, hay mucha defensoría donde renunció algún profesional y no lo reemplazaron. (...) Muchas defensorías donde tal vez tienen los equipos completos pero que no dan abasto porque es tal el cúmulo de casos que necesitan más equipos y se están reclamando y los equipos no aparecen. (...) También eso, la falta de tiempo hace que mismo dentro de los equipos existe la necesidad de, de trabajar interdisciplinariamente. (...) Hoy por hoy, hay veces que no damos abasto hablar, entonces lo que no es tan importante lo decide una, y no es lo mismo* (abogada, defensoría zonal, CDNNYA).

Son pocas personas para mucho trabajo, y para un trabajo que lleva mucho tiempo. Tanto en aquellos casos en los que los equipos permanecen incompletos como en los casos en los que el cúmulo de trabajo resulta inabordable para la cantidad de equipos disponibles, las y los trabajadores del sector se ven obligados a asumir distintas funciones y a realizar diversas tareas al mismo tiempo. De ese modo, se despliega una modalidad de organización que conlleva un ritmo de trabajo intenso y acelerado, que va en detrimento del funcionamiento en equipo.

Falta tiempo y espacio para el encuentro y el diálogo. En consecuencia, esta forma de trabajo multifuncional contribuye al desgaste laboral no solo por la sobreexigencia que demanda a las y los sujetos, sino además por los efectos que resultan de la erosión de los vínculos interpersonales. Desde la perspectiva de la psicodinámica del trabajo, el funcionamiento de un colectivo de trabajadores/as tiene un lugar central en la construcción de identidad y en la salud mental en el trabajo (Dejours, 1998). Entonces, el reconocimiento por parte de la comunidad de pares opera como una retribución simbólica ante el trabajo realizado, y constituye una ganancia para el sujeto en relación con sus expectativas de realización de sí mismo. De esta manera, la dinámica intersubjetiva del reconocimiento transforma el sufrimiento —inherente a toda situación de trabajo— en placer. Sin embargo, cuando el reconocimiento se paraliza por la afectación del funcionamiento del colectivo, el sufrimiento que se acumula puede traducirse en afectaciones de la salud mental: *"frustración", "angustia", "estar quemado"*.

Otro aspecto característico del ritmo de trabajo en muchos de los dispositivos psicosociales del campo de las infancias es que aquello que emerge en la cotidianeidad marca los tiempos de trabajo, en detrimento del trabajo planificado:

> *O sea, eso también pasa mucho (...) una sobrecarga sobre muy pocos trabajadores en muchas cosas. Entonces no sé, hay que llevar a alguien al médico, al juzgado, a lo que sea y de repente decís: Bueno, bárbaro. Acá hay 15 pibes y nosotros somos dos. (...) Y tenés que estar haciendo malabares, a ver cuándo podemos hacer las cosas* (psicóloga, centro de día y noche, Min. Desarrollo humano y Hábitat).

> *(...) nos cuesta mucho sistematizar (...) nos cuesta mucho la producción. Es un programa de compañeras que capaz vienen un día y no ves hace mil años y que, que sí, digamos, si sistematizáramos más las cosas, sería un buen caudal de producción. Pero la realidad también es ésa, que laburamos en la emergencia de pibas que están y que entonces (...) te va comiendo... el acompañamiento te va comiendo otros espacios* (socióloga, programa de atención de situación de explotación sexual, Min. Desarrollo Humano y Hábitat).

Las situaciones que surgen en el día a día avanzan sobre un tiempo-espacio que debería ser destinado a otras actividades y a su planificación/evaluación. Y cuando lo emergente se impone a diario como centro a partir del cual se organizan el resto de las tareas, lo episódico aparece naturalizado como algo del orden de lo habitual. De esta manera, las intervenciones y sus tiempos se ordenan a partir de su objeto —el problema que emerge—, por sobre la intencionalidad de los/as trabajadores/as que las realizan. Y así se instalan lógicas de organización de las tareas y de administración de los tiempos que producen un efecto de captura del trabajo vivo (Merhy, 2006), en tanto resulta limitada la capacidad de acción deliberada de los sujetos. Tal efecto se expresa en algunas de las metáforas que dan cuenta de los sentidos que adquiere la situación de trabajo para los sujetos: *"nos cuesta cortar"; "no damos abasto"; "tenés que estar haciendo malabares"; "te va comiendo otros espacios"*.

Si abordamos la dimensión más colectiva del trabajo en equipo y de los lazos entre trabajadores/as, se avizoran algunos movimientos instituyentes como contraparte de ciertos modos de la flexibilización organizativa. Tal como lo plantea Merhy (2006), el proceso de trabajo está siempre abierto a la presencia del trabajo vivo en acto. Es decir, está siempre abierto a la posibilidad del ejercicio de la libertad, la autonomía y la creatividad por parte de los/as trabajadores/as. Por eso, en la vida cotidiana de los dispositivos del campo de las políticas de infancias también hay lugar para aquellas situaciones que rompen con los procesos de captura subjetiva:

(...) de repente nos encontramos que no teníamos tele y uno de los chicos salta y me dice: "Vos que leés tanto, ¿no nos contás un cuento?" (...) Y empecé todas las noches, para irse a dormir, a contarles un cuento. (...) Para mí fue poder conectar desde algo que a mí me gusta mucho, y poder compartir algo que a mí me gusta. Y poder conectar desde más lo humano. ¿No? Desde más los gustos, más... Incluso también la historia de cada uno. Encontrás chicos que por ahí te decían: "yo quiero que traigas cuentos de campo porque yo antes vivía en el campo" (...) Y esto incluso poder usarlo como recurso. Por lo menos durante un rato estamos compartiendo algo que también tiene mucho que ver con volver a conectarse con ser niño. (...) Poder también como mostrar —mostrarles a ellos, mostrarme a mí— que ellos siguen siendo niños. Y que siguen necesitando

alguien que les lea, alguien que los cuide, alguien que los quiera, alguien que los ayude (psicóloga, centro de día y noche, Min. Desarrollo humano y Hábitat).

Tal como lo expresa el relato, esos "ratos" que escapan a las lógicas alienantes desencadenan procesos de subjetivación que habilitan la producción de nuevos sentidos. Éstos permiten imaginar-se en otros escenarios que favorecen el reconocimiento intersubjetivo entre los/as trabajadores/as y las niñas, los niños y adolescentes. Son momentos en donde el tiempo y el espacio se configuran de otro modo, capaz de producir nuevas subjetividades y colectivos deseantes. Ante el tiempo capturado en el trabajo alienado, la posibilidad de su "reconquista" habilita la reflexividad sobre las propias prácticas: historizar y pensar los procesos de trabajo de manera singular y colectiva puede configurar modalidades de resistencia ante la captura, así como también convertirse en potencia de creación y transformación.

3. "Lo básico nos lo mandan, lo subjetivante lo conseguimos nosotros". De la precarización serializante al reconocimiento

Las prácticas de cuidado aluden a un conjunto de pautas, normas y regulaciones que metabolizan la expresión del amor a los otros como forma sublimada de la ternura. En cada grupo social se crean y recrean ciertos modos vinculares, sentidos y significados en torno al acto de cuidar (Zaldúa, Lenta et al., 2016; Chardón, 2008). Franco y Merhy (2011) proponen que la producción subjetiva del cuidado implica la producción del sí mismo y la afectación *de* y *sobre* los otros en tanto se realiza en el espacio cotidiano del encuentro. En el campo del trabajo con niños, niñas y adolescentes en el marco de las políticas sociales, el cuidado como producto del trabajo inmaterial que realizan los sujetos en sus prácticas constituye un territorio a redimensionar.

La tensión entre las nociones universales de niñez, infancia e, incluso, derechos es interpelada en las prácticas, a partir de visibilizar la configuración de las situaciones en las que viven niños, niñas y adolescentes como sujetos concretos.

"Me parece que hay como una tensión muy fuerte entre las instituciones universales, ¿no? Digo, las leyes buscan sujetos universales para todo. Y lo que se entiende como protección integral, que es una cuestión más del armado de lo que el territorio que arma infancia en cada caso" (psicóloga, programa educativo, Min. de Educación).

Nosotros este año, digamos que la vimos entrar y salir, así en los últimos años, muchas veces del Hogar... Que era "bueno: ¿qué quiere ahora el Hogar para...?", "bueno: ahora la escuela, y ahora esto, y ahora...". Y este año como que dijimos, después de muchas discusiones, "bueno: vamos a escuchar a Ceci, y son los tiempos que Ceci pueda" (psicóloga, programa educativo, Min. de Educación).

Me parece que si uno piensa en el chico en abstracto no está buena esa intervención. Que si se centra en un solo derecho, o en un aparente necesidad, se va a olvidar de todo el resto a lo que tiene derecho a poder acceder. Que si lo descontextualiza del medio, y de la situación, y de la historia de vida de sus padres, no se... de ciertas costumbres, cultura, etcétera... terminás en prácticas estigmatizantes, prejuiciosas. Que no resuelven. Que... con acciones digamos, que tapan baches. Que tal vez te dan el resultado inmediato, y te quedás divino y contento pero no... no tenés un abordaje más de fondo y que en perspectiva realmente le pueda movilizar y hacer caminar como en otro sentido a esa, a esas personas. O a esa familia (trabajadora social, defensoría zonal, CDNNYA).

Como señalan las narrativas, existe una noción abstracta de niño, niña y adolescente que aparece tanto en los textos de las normativas y políticas como en los ideales generales sociales propuestos para la niñez y adolescencia. En el territorio, esas nociones abstractas se confrontan con las situaciones concretas y los modos de ser niño, niña o adolescente. El reconocimiento o no de esa brecha configura prácticas diversas.

> *Yo siempre les digo: "estamos vistiendo a los pibes como pibes pobres". Institucionalizado, encima. Porque nos mandan una ropa de mierda que los pibes no usan. No sé, nos mandan joggings pero esos joggings cuadrados. Uniformes además, ¿viste? Del mismo color. Los pibes si usan joggings son elastizados. Y las zapatillas son "llantas". Claro, y camisas. La ropa la manejamos nosotros. Muchas veces nosotros le compramos la ropa a los pibes, de nuestro sueldo. O por donaciones. Conseguimos una peluquería nosotros, entonces le cortan el pelo a los pibes y estuvo bueno. Le compramos zapatillas, le compramos nosotros. Nos mandan zapatillas, pero son como las Topper y no les gustan ni a palos* (psicóloga, dispositivo convivencial, Min. Desarrollo Humano y Hábitat).

La falta de reconocimiento como ciudadanos/as de los/as niños, niñas y adolescentes en situaciones de vulnerabilidad psicosocial no solo se expresa en la ausencia de financiamiento de programas y recursos por parte de las políticas estatales, sino que, además, se observa en las prácticas serializantes y tutelares que desconocen la dimensión singular de los sujetos. Trabajar en la restitución de los derechos va más allá de garantizar ropa y comida como si fueran necesidades básicas de supervivencia. En cambio, constituye un acto de cuidado el reconocimiento de cada niño, niña y adolescente desde su historia, sus deseos y su voz. Es a partir de ese lazo social tierno que se puede alojar al otro en su singularidad y son las/os trabajadoras/es en sus actos de cuidado los que pueden crear ese plus que es instituyente de una subjetividad deseante. En este marco, considerar que el derecho a la vestimenta no solo es cubrir un cuerpo con ropa o que garantizar el derecho a la alimentación no se reduce a facilitar un plato de comida da prácticas inscriptas en la economía del cuidado.

El vínculo que se recrea entre el sujeto que cuida y el que es cuidado tiene efectos recíprocos en el apuntalamiento de los procesos subjetivantes. El reconocimiento del otro es una cara del cuidado, que tiene como contracara la producción del sí mismo, es decir que opera en la constitución de la identidad profesional.

> *Si te ponés a ver del lado de los pibes, es re lindo. Los chicos son muy cariñosos. Es difícil que no se dé un buen vínculo, que cuando pasan de sala se acuerdan de vos, te vienen a saludar. Sos el 'profe'. A veces hacés una relación más cercana con alguno que otro, como en la vida, y ahí se te valora más, pero vos también valorás tal vez más al pibe, ¿viste?* (docente, casas de niños/as y adolescentes, Min. Desarrollo humano y Hábitat).

> *E: ¿Y qué otros tipos de reconocimiento tiene el trabajo de ustedes? M: Mucho no [risas]. Más que nada de los chicos, de las familias. (...) Con algunas familias o chicos sí se da y eso es muy lindo. Que un chico se acuerde de tu nombre o te inviten a un cumpleaños, es reconocimiento, confianza* (trabajadora social, programa de abordaje territorial, Min. Desarrollo Humano y Hábitat).

La identidad profesional se constituye en la transacción entre el "deber ser" disciplinar y la acción de los sujetos en los espacios laborales de interacción, en donde parte de "lo que hago" se vuelve en "lo que soy". La modalidad que adquiera el reconocimiento recíproco en las prácticas con niños, niñas y adolescentes podría constituirse en un soporte afectivo frente a las condiciones de precariedad que producen malestar, sentimientos de desesperanza o impotencia. Cuando las prácticas se construyen a partir del reconocimiento del otro —con sus problemáticas, sus deseos, sus condicionamientos, sus decisiones y sus posibilidades—, el otro devuelve una mirada sobre el sujeto cuidador, lo que permite crear nuevos sentidos sobre el trabajo. Al mismo tiempo, amplía la perspectiva para imaginar-se en el porvenir, interpelando las condiciones estructurantes de la precariedad de la vida.

Reflexiones finales

La precarización de las políticas de infancias se expresa en diferentes niveles y dimensiones. Uno que resulta decisivo es el de las condiciones de trabajo, tanto salariales como contractuales, caracterizada por la flexibilización, los bajos salarios y la excesiva carga laboral por las responsabilidades e implicaciones subjetivas que compromete el trabajo con problemáticas complejas y conflictivas.

Los bajos salarios no se corresponden con las responsabilidades y las implicaciones subjetivas que conlleva el trabajo con estas problemáticas. El pluriempleo, la alta rotación, la precariedad de las condiciones físico-ambientales y la escasa oportunidad de contar con espacios de capacitación y supervisión son fuentes de frustración y malestar que limitan la elaboración de las situaciones-problema y la proyección de nuevas respuestas. Ante ello las instancias de organización entre las/os trabajadoras/es habilitan el desarrollo de estrategias de afrontamiento del malestar al transformar en demanda social el registro de las precariedades vividas de manera singular.

Los procesos de flexibilización y precarización laboral provocan y estructuran una serie de movimientos de deslocalización del tiempo y del espacio del trabajo. Esto se observa en la carga horaria real que excede a la reglamentada y se desplaza a interacciones informatizadas a través del uso de las redes sociales. Son modalidades que instituyen una temporalidad no reglada ni reconocida que genera una sobrecarga para los/as trabajadores/as. A su vez, se advierte un desdibujamiento espacial, dado que el trabajo que se realiza en lugares ajenos al espacio laboral y las tareas que transcurren en el "afuera" implican recorrer "otros" escenarios de trabajo que no están íntegramente reconocidos por las instituciones. En este marco, el ritmo de trabajo intenso y acelerado va en detrimento del trabajo en equipo y contribuye a la producción del desgaste laboral.

En el escenario que constituyen estas condiciones espacio-temporales se advierten tanto procesos de captura del trabajo vivo en acto como movimientos instituyentes que posibilitan el ejercicio de la libertad, la autonomía y la creatividad por parte de los/as trabajadores/as. Son estos últimos los que desencadenan procesos de subjetivación que habilitan diversas modalidades de resistencia ante la captura que pueden devenir en acciones colectivas para la transformación.

Asimismo, las narrativas analizadas dan cuenta de que las nociones abstractas sobre la niñez y sus derechos que aparece en los textos de las normativas y políticas se confrontan con las situaciones concretas y los diversos modos de ser niño, niña o adolescente en situación de calle, institucionalizados, sin cuidados parentales, en situación de explotación sexual, entre otros. Ante esta tensión las prácticas serializantes y tutelares que desconocen la dimensión singular de los sujetos infantiles y adolescentes expresan otra de las formas de precarización que atraviesa el campo de las políticas sociales de infancias al intentar "normalizar" a esos niños y niñas. En cambio, se observa que el lazo social tierno que construyen los/as trabajadores/as con los niños, niñas y adolescentes en sus prácticas cotidianas es una de las vías que posibilita la producción de cuidados al alojar al otro en su singularidad. Incluso, se advierte que en ese vínculo también se apuntala la constitución de la identidad profesional y que ese reconocimiento recíproco podría constituirse en un soporte afectivo frente a las condiciones de precariedad que producen malestar en el ámbito laboral. Es por eso que consideramos que el cuidado, como producto del trabajo inmaterial que realizan los/las trabajadores/as del campo de las políticas sociales de infancias, constituye un territorio a redimensionar.

4

Registros de experiencias innovadoras

*En búsqueda de claves
para la producción de prácticas instituyentes*

Brenda Riveros y María Pía Pawlowicz

Aun en condiciones de precariedad, existen dispositivos psicosociales y prácticas instituyentes promotores de ciudadanías plenas. En el campo de las infancias y adolescencias ese tipo de experiencias proponen dinámicas alternativas y sustitutivas a las lógicas tutelares, al generar las condiciones de posibilidad para el reconocimiento de niños, niñas y adolescentes como sujetos autónomos y deseantes. Se caracterizan por habilitar procesos de participación y potenciar su capacidad de agencia, resignificándolos/as como sujetos/as abiertos/as al devenir. De este modo, disputan los sentidos atribuidos a el/la "niño/a en situación de vulnerabilidad", y problematizan el imaginario de un destino único y "natural" condenado a la repetición.

Consideramos importante destinar un espacio en este libro para destacar esos contra-dispositivos, entendidos como parte de movimientos instituyentes productores de modos de intervención que rompen con los modelos tutelares, disciplinarios y punitivos, y que se constituyen como puntos de fuga que promueven procesos de exigibilidad de derechos y de transformación. Por eso en este capítulo presentamos algunas de tantas experiencias del campo de las infancias y adolescencias a partir de cuatro dimensiones:

la descripción del dispositivo, su origen, el papel de los/
as niños, niñas y adolescentes, y lo novedoso e innovador
de esa experiencia. Es también una invitación a repensar
nuestras intervenciones y distinguir las claves para la mul-
tiplicación de prácticas instituyentes.

1. "Radiochanguitos, la radio hecha por los chicos"

RADIO CHAN GUITOS

LA RADIO HECHA POR LOS CHICOS

"Radiochanguitos, la radio hecha por los chicos" es un proyecto radiofónico llevado adelante por una radio comunitaria y escuelas primarias de la ciudad de Rosario. Se trata de un microprograma radial de 15 minutos elaborado por chicos y chicas de entre 8 y 11 años que se emite todos los viernes a la mañana y a la tarde por Aire Libre Radio Comunitaria 91.3 mhz.

En palabras de Alberto Palacios, integrante de la radio, el eje fundamental de esta propuesta es el ejercicio del derecho a la comunicación; y su acción principal la de explorar, profundizar y enriquecer la expresión y la palabra oral de los/as chicos y chicas que concurren a las escuelas primarias. De este modo, los niños y las niñas participan de la experiencia *"con sus voces y reflexiones, sus elecciones musicales y la impronta divertida que le aportan a la producción"*.

Este dispositivo surgió a partir de la iniciativa de un docente de una escuela rural y del periodista Alberto Palacios, quien nos cuenta que no fue casual la elección del momento ni del lugar:

> *Ocurrió en marzo del 2006. Justo, justo, cuando se cumplían 30 años del golpe militar en la Argentina. Treinta años con repeticiones de otros golpes, como martillos, sobre la niñez desamparada de este país. Sobre la cabeza de todos.*
>
> *La cosa es que sucedió. Un maestro de la zona oeste de Rosario estaba grabando las voces de sus alumnos para incentivarlos a tomar la palabra. El aparatito grabador registraba los matices, los tonos, los timbres, las emociones apretadas en la memoria para decir y decir-se. Y allí quedaban, como recurso de aula y con ganas de echarlas a volar por una radio. Así nos encontramos en Aire Libre, la radio comunitaria que transmite desde hace 30 años en Rosario las palabras y los sonidos de quien tenga ganas de volar. (...) La cinta empezó a rodar y se me colaron en los oídos las voces de unos nenes y nenas que reflexionaban seriamente sobre este nefasto capítulo de la historia argentina. Eran relatos de otros relatos escuchados a los padres, a los abuelos, a otros adultos. Y ese mismo 24 de marzo, los pibes y las pibas dijeron lo suyo al aire.*

La primera producción de "Radiochanguitos, la radio hecha por los chicos" salió al aire el viernes 26 de abril de 2006, y hoy, 12 años después, esta experiencia logró extenderse a distintas escuelas públicas. Para dar cuenta del lugar que tienen los niños y las niñas en esta experiencia el periodista explica:

> *Los niños están cargados de muchas cosas, incluso de palabras. Y cuando logran hacer rodar esas palabras, la identidad se mete en esos caminos maravillosos que permite la expresión.*
>
> *Y por acá anda la clave de Radiochanguitos: micrófono en mano graban su opinión de actualidad, la poesía, el humor, las adivinanzas, las vivencias familiares y escolares, los derechos, la identidad barrial, la locura creativa, la música y el radioteatro son los paisajes sonoros por donde andan las identidades retozando y soñando un mundo mejor.*

Los/as adultos/as, maestros/as y comunicadores/as que acompañan a los/las changuitos/as se ocupan de grabar en el aula y editar el material en los estudios de Aire Libre. Pero sin duda, los/as protagonistas/as son los chicos y las chicas que a través de esta experiencia *"aprendieron a utilizar el grabador, a armar sus historias, a reírse y llamar la atención de los adultos, a preguntar y repreguntar, a describir cómo se ve el mundo a los ocho, nueve, diez y tantos años".* Y a animar a otros/as compañeritos/as a tomar la palabra y ser parte del grupo.

De este modo, Radiochanguitos se convierte en una oportunidad para la puesta en acto del derecho a ser escuchados/as que enuncian la Convención Internacional de los Derechos del Niño y las leyes argentinas de infancia. Y a su vez, la potencia de esta experiencia también se encuentra en la capacidad de multiplicarse y llegar aun a aquellas escuelas que se ubican en la periferia de Rosario, caracterizada por el entrevistado como *"el lejano oeste".* Para ello no solo es fundamental el aporte de trabajo voluntario de docentes y comunicadores populares, sino también el deseo que motoriza la construcción de prácticas instituyentes como éstas:

"No buscamos que sean las estrellas del micrófono o de la radio; buscamos que cada uno tome su palabra para encontrar su digno lugar en este mundo".

(Fuente: entrevista para esta publicación a Alberto Palacios, periodista de Aire Libre Radio Comunitaria, agosto 2018).

2. PH 15

La Fundación PH15 es una organización no gubernamental sin fines de lucro que realiza diversas actividades artísticas con jóvenes y niños/as de todo el país en situación de vulnerabilidad, destinadas a favorecer la integración social y la socialización de la experiencia artística. La fotografía y las artes visuales son las principales herramientas a partir de las cuales esta organización busca promover el desarrollo de nuevas capacidades creadoras, incluso ante una realidad adversa. Para ello llevan adelante un taller anual como parte de un ciclo de aprendizaje que dura tres años; talleres cortos diseñados en función de las necesidades y los intereses de la comunidad a la que están destinados; y espacios de formación de "monitores" y voluntarios interesados en multiplicar la experiencia.

El primer taller se llamó "Taller Oculto" y surgió en el año 2000 a partir de que algunos/as jóvenes de Ciudad Oculta le manifestaron a un fotógrafo que se encontraba trabajando en la zona sus ganas de aprender fotografía. Luego ese taller se convirtió en PH15: *"un espacio donde chicos y adolescentes miran espontáneamente todo lo que los rodea y todo lo que llevan adentro. Donde expresan quiénes son y lo que sienten a través de imágenes llenas de diferentes luces".* Pero... ¿qué significa PH15? PH son las iniciales de la palabra photography y 15 es el número oficial con que se denomina a Ciudad Oculta: Villa 15.

A diferencia de los cursos de fotografía tradicionales, donde lo que importa es el aprendizaje de la técnica fotográfica y el uso de la cámara, en PH15 la expresión artística ocupa un lugar central: *"se propone como una práctica que posibilita la exteriorización plena del ser y la generación de procesos transformadores, tanto individuales como colectivos".* De este modo, se trabaja a partir de las capacidades expresivas y comunicacionales de los/as niños/as y jóvenes, buscando motivar el desarrollo de la creatividad artística, para promover la exteriorización de sus emociones, sensaciones e impresiones sobre la realidad que viven día a día.

A su vez, para esta experiencia es importante poder mostrar las imágenes que capturan chicos y chicas con su mirada y comunicar a través de ellas su visión de la realidad. Por eso, han realizado múltiples exhibiciones en las que los/as pequeños/as artistas tuvieron una participación activa en la selección de imágenes, la edición, el montaje de las fotos y diseño global de las muestras. Estas exhibiciones se realizaron en lugares diversos de la Argentina y del mundo, con la intención de que los/as chicos/as consoliden vínculos con su comunidad e interactúen con los circuitos artísticos más cercanos, así como también con los más reconocidos. Por lo tanto, PH15 constituye una práctica innovadora no solo por la metodología de trabajo que se utiliza sino también por potenciar las capacidades de niños/as y adolescentes de expresarse a través del arte y por ofrecer un espacio para comunicar y compartir sus experiencias.

(Fuentes: Lucena, D. [2016]. *Manual de Metodología PH15. Una herramienta para la socialización de la práctica.* Buenos Aires, Fundación PH15.

Página web Fundación PH15: http://www.ph15.org.ar/, disponible al 28 de agosto de 2018).

3. No te sientas zarpado (NTSZ)

"No te sientas zarpado. Hablemos de drogas" es un dispositivo de abordaje interdisciplinario del uso problemático de drogas y promoción de vínculos saludables con adolescentes en situación de vulnerabilidad social. Tiene lugar en una escuela de la provincia de Buenos Aires y sus territorios cercanos, y funciona en el horario escolar con el propósito de sensibilizar y proporcionar distintas vías de acceso de información específica sobre el tema de drogas; y facilitar el abordaje de situaciones individuales que tienen una relación problemática con el uso de drogas y que requieren un tratamiento especializado.

> Este proceso se integra e irrumpe al mismo tiempo, con la cultura institucional que circula en las escuelas secundarias donde usar drogas suele generar preocupación y desconcierto. Entonces, surge la pregunta por cuál es la función de la escuela, cómo inscribir esta situación, y cómo responder a estas problemáticas (Fernández Courel y otros, 2017: 1).

Las diversas actividades que se llevan a cabo son de carácter individual y colectivo, y se desarrollan desde el paradigma de la reducción de daños tanto a nivel institucional como territorial. A su vez, se realizan otras actividades en el marco de la planificación escolar que incluyen grupos de reflexión con adultos/as, capacitaciones a docentes y articulación de acciones con otras organizaciones.

Esta experiencia es generada en el año 2011 a partir del trabajo conjunto entre Intercambios Asociación Civil y Fundación Armstrong con el objetivo de acompañar las trayectorias escolares de los/as jóvenes y sus proyectos. El término "zarpado" se utiliza popularmente entre los/as adolescentes tanto para referirse al atributo de ser un zarpado, en el sentido de actuar pasándose de la raya o "desubicándose" en relación con lo esperado en un contexto particular, como al estado de sentirse zarpado, como sustantivo, entendiéndose como el hecho de sentirse afectado por las acciones de otros/as.

Actualmente las actividades que se organizan se enmarcan en cinco programas: Valores y Habilidades Sociales, Promotores de Salud, Trabajo con Adultos Referentes, Comunicación Comunitaria y Centro de Escucha.

La participación de los/as adolescentes es el eje que atraviesa la experiencia, y por eso son considerados parte del equipo de trabajo. Participan tanto en la planificación de algunas actividades de sensibilización y en la producción de materiales significativos como en las estrategias de trabajo con pares a partir de su lugar como promotores de la salud, o en la producción de contenidos y conducción de un programa de radio. A través de su participación activa se busca generar procesos subjetivos y colectivos de gradual autonomía, y favorecer otros modos de inclusión social en el atravesamiento por experiencias colectivas de nuevos aprendizajes sociales y la promoción de otras alternativas de inclusión.

(Fuente: Fernández Courel; Di Iorio; Goltzman y Pawlowicz [2017]. "La producción de salud y las prácticas de cuidado entre adolescentes en la escuela secundaria: el dispositivo NTSZ [No Te Sientas Zarpado], artículo publicado en las Memorias del Primer Congreso Provincial de Salud Mental y Adicciones. Tandil, Argentina, 11 y 12 de mayo. Disponible en https://bit.ly/2zcHgpy [consulta: 13/09/2018].

Página web Intercambios Asociación Civil: https://bit.ly/2AbUQJq, disponible al 13/9/2018).

4. Consejos infantiles y juveniles, Asociación Civil El Arca

Los consejos de niñas, niños y adolescentes llevados adelante desde la Asociación Civil El Arca son espacios de participación construidos en barrios del conurbano bonaerense. En palabras de Betina Perona, directora general de la asociación: *"los consejos de niños/as, por definición, están orientados a pensar las distintas problemáticas de los chicos/as en términos bien colectivos (para todo el barrio, para toda la escuela, para todo el país)"*. De modo que el dispositivo está pensado especialmente para promover la participación activa de los sujetos infantiles, y tienen como objetivo incidir en las políticas públicas. Los/as chicos y chicas que integran los consejos toman cargos por períodos predeterminados y electivos, a través de los cuales representan a los/as niños/as de su escuela, municipio, provincia o región. Y para que puedan asumir que tienen la representación de un colectivo que los trasciende se realizan actividades concretas orientadas en ese sentido.

Betina Perona explica que las experiencias de consejos de niños/as suelen estar muy vinculadas a un poder local y que generalmente es un organismo del Estado el que impulsa como política pública la formación de los consejos. La relación con el Estado asume diferentes formas de acuerdo con el tipo de consejo: consultivo, colaborativo o cooperativo. En los consejos consultivos, el poder ejecutivo consulta sobre diferentes temas y puede o no tomar en cuenta sus recomendaciones. En cuanto a los consejos colaborativos, además de dar respuestas a las consultas que recibe del poder ejecutivo, pueden construir y proponer temas y resoluciones. Y los consejos cooperativos son aquellos que además de ser consultados y poder proponer nuevos temas, tienen funciones de cooperación con el gobierno y pueden tomar decisiones, por ejemplo, en la ejecución de presupuestos. También destaca que un acto político trascendente para que estos consejos puedan funcionar es que el Estado asigne un presupuesto para ello.

Existen diferentes modelos para definir quiénes y cómo participan de los consejos infantiles. Entre las experiencias que cuentan como antecedentes se encuentran los consejos de la infancia creados por Franccesco Tonucci, quien propone que los niños y niñas tengan entre ocho y diez años y sean elegidos por sorteo; y los consejos de niños desarrollados en Ecuador, constituidos por niños y niñas que tienen entre 8 y 17 años. En el caso de El Arca, el criterio es que, al ser la participación un derecho, el Estado debe garantizar que todos los niños y las niñas puedan ejercerlo, y que la edad para poder ser parte debe ser bien amplia.

Respecto del origen de esta experiencia en particular, Betina Perona agrega:

> En El Arca decidimos abrir consejos infantiles en los diferentes barrios donde trabajamos para que chicos y chicas puedan ejercer su derecho a la participación en la comunidad en donde viven. (...) Muchos de los chicos y chicas que participan de los consejos padecen situaciones de violencia familiar y o institucional, ellos son nuestros

invitados especiales ya que buscamos que no queden solos y victimi-
zados sino que en alianza con otros puedan salir adelante, más allá
de que los acompañamos en todas las denuncias correspondientes
pero que lamentablemente no llegan a generar respuestas viables.

En este sentido, los consejos infantiles y juveniles son una experiencia innovadora de exigibilidad de derechos de niños, niñas y adolescentes, en la que se destaca el papel que pueden desempeñar las organizaciones de la sociedad civil como actores capaces de interpelar al Estado, pero también como soporte para el ejercicio de la ciudadanía infantil.

(Fuente: entrevista para esta publicación a Betina Perona, directora general de la Asociación Civil el Arca, agosto de 2018).

Bibliografía

Agamben, G. (2014). *¿Qué es un dispositivo?* Buenos Aires, Argentina: Adriana Hidalgo.

Angrosino, M. (2015). Recontextualización de la observación. En T. Denzin, & Y. Lincoln, *Manual de investigación cualitativa. Volumen IV. Métodos de recolección y análisis de datos* (pp. 203-234). Buenos Aires, Argentina: Gedisa.

Antunes, R. (2009). Diez tesis sobre el trabajo del presente (y el futuro del trabajo). En Neffa, J. C.; De La Garza Toledo, E. y Muñiz Terra, L. (comp). *Trabajo, empleo, calificaciones profesionales, relaciones de trabajo e identidades laborales* (pp. 29-44). Buenos Aires, Argentina: Clacso.

Ayres, J.; Franca Junior, I.; Junqueira Calazans, G. y Saletti Filho, H. (2008). El concepto de vulnerabilidad y las prácticas de salud: nuevos desafíos y perspectivas. En D. Czeresnia y F. Machado de Freitas, *Promoción de la salud. Conceptos, reflexiones y tendencias* (pp. 27-38). Buenos Aires, Argentina: Lugar.

Baratta, A. (1999). Infancia y democracia. En UNICEF, *Derecho a tener derecho. Infancia, derecho y políticas sociales en América Latina.* Tomo 4 (pp. 207-236). Montevideo, Uruguay: UNICEF.

Bertaux, D. (2005). *Los relatos de vida. Perspectiva etnosociológica.* Barcelona, España: Bellaterra.

Bleichmar, S. (2009). *El desmantelamiento de la subjetividad. Estallidos del yo.* Buenos Aires, Argentina: Topía.

Breilh, J. (2010). La epidemiología crítica: una nueva forma de mirar la salud en el espacio urbano, en *Revista Salud Colectiva* 6 (1), pp. 31-34.

Breilh, J. (2013). La determinación social de la salud como herramienta de ruptura hacia la nueva salud pública (salud colectiva), en *VIII Seminario Internacional de Salud Pública: Saberes en Epidemiología en el Siglo XXI.* Visitado en https://bit.ly/2qStGTH.

Burman, E. (1994). Deconstructing Developmental Psychology. London, UK: Routledge.

Burman, E. (2013). Entre dos deudas: niño y desarrollo (inter)nacional. *Teoría y crítica de la psicología* 3, pp. 3-19.

Bustelo, E. (2008). *El recreo de la infancia.* Buenos Aires, Argentina: Siglo XXI.

Butler, J. (2012). *Vida precaria.* Buenos Aires, Argentina: Paidós.

Butler, J. (2017). *Cuerpos aliados y lucha política. Hacia una teoría performativa de la asamblea.* Buenos Aires, Argentina: Paidós.

Caggia, M. (2014). *Pobreza e Indigencia en Niños y Adolescentes de Argentina.* Córdoba, Argentina: Centro de Investigaciones Participativas en Politizas Económicas y Sociales (CIPPES).

Calzetta, J. J. (2004). La deprivación simbólica, en *Cuestiones de infancia,* 8, pp. 121-129.

Carli, S. (2006). *Entre la escuela, la calle y el shopping.* Buenos Aires: Paidós.

Casas, F (1998). *Infancia: perspectivas psicosociales.* Barcelona: Paidós.

Casas, F. (2010). Representaciones sociales que influyen en las políticas sociales de infancia y adolescencia en Europa. Pedagogía social 17, pp. 15-28.

Castellá Sarriera, J.; Ferreira Moura, J.; Morais Ximenes, V. y Lopes Rodrigues, A. (2016). Sentido de comunidade como promotor de bem estar em crianças brasileiras. *Revista Interamericana de Psicología,* 50 (1), pp. 106-116.

Castoriadis, C. (1997). *El avance de la insignificancia.* Barcelona: Gedisa.

CDNNYA (2016). Anuario estadístico 2016. Buenos Aires, Argentina: CDNNYA. Disponible en: https://bit.ly/2OK3wfm.

Chardón, C. (2008). Representaciones sociales del cuidado: entre las prácticas y la noción de alteridad. En *Arquivos Brasileiros de Psicologia*, 60 (2), pp. 10-19. Disponible en http://www.psicologia.ufrj.br/abp/.

Chase, S. (2015). Investigación narrativa. En T. Denzin e I. Lincoln, *Manual de investigación cualitativa. Volumen IV. Métodos de recolección y análisis de datos* (pp. 58-112). Buenos Aires, Argentina: Gedisa.

CIPPEC (2016). Documento de trabajo N° 158. Buenos Aires, Argentina: CIPPEC.

Cornejo, M.; Mendoza, F. y Rojas, R. (2008). La investigación con relatos de vida: pistas y opciones del diseño metodológico. *Psykhe*, 17(1), pp. 29-39.

De Certau, M. (1995). *La toma de la palabra y otros escritos políticos*. México, México: Iberoamericana.

De Lajonquière, L. (2015). Niños de hoy, ¿extranjeros, extraterrestres o salvajes? *INFEIES – RM*, 4 (4), pp. 1-20. Disponible en http://www.infeies.com.ar.

Dejours, C. (1998). De la psicopatología a la psicodinámica del trabajo. En Dessors, D. y Guio–Baylly, M. P. (comp.), *Organización del trabajo y salud*. Buenos Aires: Lumen Humanitas.

Denzin, N. y Lincoln, Y. (2012). *Manual de investigación cualitativa. Tomo II*. Barcelona: Gedisa.

Departamento de epidemiología (2015). Análisis de Situación de Salud de la Ciudad Autónoma de Buenos Aires. Disponible en: https://bit.ly/2qYqSVf. CABA.

DGEyC (2017a). Ingresos en la Ciudad de Buenos Aires. 1er. trimestre de 2017. Informe de resultados 1162. Buenos Aires, Argentina: DGEyC.

DGEyC (2017b). La mortalidad infantil en la Ciudad en el período 2013/2016. Informe de resultados 1135. Buenos Aires, Argentina: DGEyC.

Di Iorio, J. (2010). Infancia e institucionalización: abordaje de problemáticas sociales actuales. *Pesquisas e Práticas Psicossociais*, pp. 143-150.

Di Iorio, J.; Lenta, M. Y Hojman, G. (2012). Conceptualizaciones sobre la infancia. De la minoridad al interés superior del niño. Un estudio de las producciones científicas en psicología. En *Anuario de Investigaciones* 18 (2), pp. 227-236.

Di Leo, P. y Camarotti, A. (2015). Introducción. En P. Di Leo y A. Camarotti, *Individuación y reconocimiento* (pp. 9-20). Buenos Aires: Teseo.

Di Signi, S. (2015). Sexología, niñez y adolescencia. *Generaciones* 4, pp. 11-24.

Dueñas, G. (2012). El papel de la escuela en los procesos de subjetivación. *Revista Generaciones* 1 (1), pp. 25-34.

Duschatszky, S. (2006). ¿Qué es ser un niño, un joven un adulto en tiempos alterados? En Frigerio, G. (Ed.), *Infancias y adolescencias. Teorías y experiencias en los bordes*. Buenos Aires: Noveduc pp. 6-12.

Duschatzky, S. (comp.) (2000). *Tutelados y asistidos. Programas sociales, políticas públicas y subjetividad*. Buenos Aires: Paidós.

Dussel, E. (1998). Ética de la liberación. En *La Edad de la globalización y la exclusión*. Madrid: Trotta-UAMI-UNAM.

Franco, T. y Merhy, E. (2011). El reconocimiento de la producción subjetiva del cuidado. *Salud Colectiva*, 7 (1), 9:20. Disponible en: https://bit.ly/2zcJwx2.

Fuentes, S. (2008). La filosofía de la infancia: acerca de la experiencia, el tiempo y el juego. En *Memorias del X Congreso Nacional y II Congreso Internacional: Repensar la niñez en el siglo XXI*. Mendoza: Universidad Nacional de Cuyo.

Gessel, A. (2000 [1967]). *El niño de 1 a 4 años*. Buenos Aires: Paidós.

Giberti, E. (1997). *Políticas y niñez*. Buenos Aires: Losada.

Giorgi, V. (2008). Entre el control tutelar y la producción de ciudadanía. Aportes de la Psicología Comunitaria a las Políticas de Infancia. En Alfaro, J. y Sánchez, A. (comp.), *Psicología Comunitaria y Políticas Públicas* (pp. 35-44). Buenos Aires: Paidós.

González Rey, F. (2008). Subjetividad y psicología crítica: implicaciones epistemológicas y metodológicas. En Jiménez-Dominguez, B., *Subjetividad, participación e intervención comunitaria* (pp. 31-54). Buenos Aires: Paidós.

Gueglio Saccone, C. y Seidmann, S. (2015). El niño como sujeto de cuidado: categorías de análisis para un abordaje en representaciones sociales. En *Actas del VII Congreso Internacional de Investigación y Práctica Profesional en Psicología, XXII Jornadas de Investigación, Décimo Encuentro de Investigadores en Psicología del MERCOSUR, Tomo III,* pp. 96-99.

Hall, S. (2003). Introducción: ¿quién necesita "identidad"? En S. Hall y P. du Gay, *Cuestiones de Identidad Cultural* (pp. 13-39). Buenos Aires: Amorrortu.

Holzkamp, K. (2013 [1985]). Basic Concepts of Critical psychology. *Psychology from the standpoint of the subject: Selected writings of Klaus Holzkamp* (pp. 19-27). New York: Palgrave Macmillan.

Holzkamp, K. (2016 [1995]). La colonización de la infancia: las explicaciones psicológicas y psicoanalíticas del desarrollo. *Teoría y Crítica de la Psicología* 8, pp. 303-329.

Honneth, A. (1997). *La lucha por el reconocimiento. Por una gramática moral de los conflictos sociales.* Barcelona: Crítica.

Janín, B. (2012). La infancia, la constitución de la subjetividad y la crisis ética. Disponible en https://bit.ly/2Dsn8CR.

Kamberelis, G. y Dimitriadis, G. (2015). Grupos Focales. En T. Denzin e Y. Lincoln, *Manual de investigación cualitativa. Volumen IV. Métodos de recolección y análisis de datos* (pp. 494-452). Buenos Aires: Gedisa.

Kornblit, A. (2007). Historia y relatos de vida: una herramienta clave para las metodologías cualitativas. En Kornblit (coord.), *Metodologías cualitativas en ciencias sociales* (pp. 15-34). Buenos Aires: Biblos.

Larraín, J. y Vergara, J. (1998). *Identidad cultural y crisis de modernidad en América Latina. El caso de Chile.* Santiago de Chile: Fondo Nacional de Ciencia Y Tecnología (FONDECYT).

Leale, H. (2005). Infancia vulnerable. El arte como mediador en la praxis psicosocial comunitaria en salud. En *Actas de XII Jornadas de Investigación y Primer Encuentro de Investigadores en Psicología del MERCOSUR,* Tomo III, pp. 38-42.

Legaspi, L.; Aisenson, G.; Valenzuela, V.; Duro, L.; Celeiro, R.; De Marco, M.; Inaebnit, V. y Pereda, Y. (2009). El clima escolar y el significado de la escuela para los jóvenes. En *Actas del I Congreso Internacional de Investigación y Práctica Profesional en Psicología, XVI Jornadas de Investigación, Quinto Encuentro de Investigadores en Psicología del MERCOSUR,* Tomo III, pp. 318-320.

Lenta, M. (2016). *Niños, niñas y adolescentes en situación de calle: discursos sobre la infancia y procesos de subjetivación.* Buenos Aires: Eudeba.

Lenta, M. y Di Iorio, J. (2016). Psicología e infancia: hacia intervenciones en la interfase subjetivo-social, en *Revista Interamericana de Psicologia/Interamerican Journal of Psychology* (50) 1, pp. 96-105.

Llobet, V. (2009). Las políticas sociales para la infancia, la psicología y el problema del reconocimiento. En *Investigaciones en Psicología,* 14 (2), pp. 73-94.

Llobet, V. (2010). *¿Fábrica de niños? Las instituciones en la era de los derechos de la infancia.* Buenos Aires: Noveduc.

Lucio, A. (2004). Abuso y explotación sexual infantil y adolescente. Demonización de la pobreza. En *Actas de las VI Jornadas de Sociología de la Facultad de Ciencias Sociales de la Universidad de Buenos Aires,* pp. 127-132.

Mantilla, L. (2017). "El lugar de la infancia en la biopolítica contemporánea", en Mantilla, L.; Stolkiner, A. y Minnicelli, M. (comp.), *Biopolítica e infancia: niños, niñas e instituciones en el contexto latinoamericano*. Guadalajara: Universidad de Guadalajara.

Mazzeo, V.; Lago, M.E.; Rivero, M. y Zino, N. (2012). ¿Existe relación entre las características socioeconómicas y demográficas de la población y el lugar donde fija su residencia? Una propuesta de zonificación de la Ciudad de Buenos Aires. *Revista Población de Buenos Aires*, 9 (15), pp. 7-28.

Merhy, E. (2006). *Salud. Cartografía del trabajo vivo*. Buenos Aires: Lugar Editorial.

Montero, M. (2004). Relaciones entre Psicología Social Comunitaria, Psicología Crítica y Psicología de la Liberación: una respuesta latinoamericana. *Psykhe* 13(2), pp. 17-28.

Montero, M. (2006). *Introducción a la Psicología Comunitaria*. Buenos Aires: Paidós.

Montero, M. (2010). Fortalecimiento de la ciudadanía y transformación social: Área de Encuentro entre la Psicología. *Psyhé* (19) 2, pp. 51-63.

Morais Ximenes, V. y Camurca, E. (2016). Juventude e pobreza: Implicações psicossociais do fatalismo. *Revista Interamericana de Psicología*, 50 (1), pp. 128-136.

Negrón Cartagena, N. y Serrano García, I. (2016). Prevención de delincuencia juvenil: ¿qué deben tener los programas para que sean efectivos? *Revista Interamericana de Psicología*, 50 (1), pp. 117-127.

Noceti, M. (2008). *Niñez en riesgo social y políticas públicas en la Argentina Aportes antropológicos al análisis Institucional*. Bahía Blanca: Universidad Nacional del Sur.

Noceti, M. (2011). Niñez en riesgo, conceptualizaciones cotidianas y acciones políticas en Argentina. *Convergencia. Revista de Ciencias Sociales*, 18 (57), pp. 145-163.

Oropeza Dobles, I. (2015). Psicología de la liberación y psicología comunitaria latinoamericana. Una perspectiva.*Teoría y Crítica de la Psicología* 6, pp. 122-139.

Parker, I. (2010). *La psicología como ideología: contra la disciplina*. Madrid: La catarata.

Quintal de Freitas, M. D. (2008). Red de tensiones en la vida cotidiana: análisis desde una perspectiva de la psicología social comunitaria. En B. Jiménez-Domínguez, *Subjetividad, participación e intervención comunitaria. Una visión crítica desde América Latina* (pp. 165-183). Buenos Aires: Paidós.

Ricoeur, P. (2008). *Hermenéutica y acción*. Buenos Aires: Prometeo.

Rodulfo, R. (2012). *El niño y el significante. Un estudio sobre las funciones del jugar en la constitución temprana*. Buenos Aires: Paidós.

Seidmann, S.; Di Iorio, J. Azzollini, S. y Regueiral, G. (2014). El uso de técnicas gráficas en investigaciones sobre representaciones sociales. *Anuario de Investigaciones* 21, pp. 177-185.

Spitz, R. (1999 [1965]). *El primer año de vida del niño*. Buenos Aires: Fondo de Cultura Económica.

Stecher, A. (2010). "El análisis crítico del discurso como herramienta de investigación psicosocial del mundo del trabajo. Discusiones desde América Latina". En *Journal Universitas Psychologica*, pp. 93-107.

Svampa, M. (2005). *La sociedad excluyente. Argentina bajo el signo del neoliberalismo*. Buenos Aires: Taurus.

Tissera, O. E. (2010). Juegoteca comunitaria y complejidad. En *Actas del II Congreso Internacional de Investigación y Práctica Profesional en Psicología, XVII Jornadas de Investigación, Sexto Encuentro de Investigadores en Psicología del MERCOSUR*, Tomo III, pp. 195-199.

Tomasini, M.; López, C.; Bertarelli, P. y García Bastán, G. (2010). La pelea entre jóvenes: búsqueda de reconocimiento social en un cruce de miradas. En *Actas de II Congreso Internacional de Investigación y Práctica*

Profesional en Psicología, XVII Jornadas de Investigación, Sexto Encuentro de Investigadores en Psicología del MERCOSUR, Tomo III, pp. 199-202.

Torricelli, F. (2014). Itinerarios de cuidado: evaluación de un programa de atención comunitaria destinado a niños, niñas y adolescentes. En *Actas del VI Congreso Internacional de Investigación y Práctica Profesional en Psicología, XXI Jornadas de Investigación, Décimo Encuentro de Investigadores en Psicología del MERCOSUR*, Tomo III, pp. 70-73.

Tuñón, I. (2016). Infancias con derechos postergados. Avances, retrocesos e inequidades a finales del Bicentario (2010-2015). Barómetro de la Deuda Social de la Infancia. Disponible en https://bit.ly/2clhvXQ.

UNESCO (2016). Género y generaciones en América Latina: Claves para el desarrollo económico y social en perspectiva comparada. *Tendencias en foco* 35. Disponible en https://bit.ly/2S0vwxm.

UNICEF – Ministerio de Desarrollo Social de la Nación (2015). *Encuesta sobre condiciones de vida de niñez y adolescencia.* Buenos Aires: Unicef.

UNICEF (2014). *Estimación y análisis del gasto público social dirigido a la Niñez y Adolescencia.* Buenos Aires: Unicef.

UNICEF (2017a). La pobreza monetaria en la niñez y la adolescencia en el Argentina. Disponible en https://uni.cf/2siKGEP.

UNICEF (2017b). Para cada adolescente una oportunidad. Posicionamiento sobre la adolescencia. Unicef Argentina. Disponible en http://uni.cf/2t60Bmb.

Wiesenfeld, E. (2014). La Psicología Social Comunitaria en América Latina: ¿Consolidación o crisis? *Psicoperspectivas. Individuo y Sociedad*, 13 (2), pp. 6-18.

Wiesenfeld, E. (2016). Trascendiendo confines disciplinares: continuidad, psicología comunitaria crítica y psicología social comunitaria, al revés. *Interamerican Journal of Psychology* 50(1), pp. 4-13.

Woodson, S. (2004). Mapping the cultural geography of childhood, or performing monstrous Children. *Journal of American Culture* 6, pp. 31-39.

Yin, R. (2009). *Case Study Research: Design and Methods*. Londres, UK: sage.

Zaldúa, G.; Lenta, M.; Longo, R.; Pawlowicz, M.; Tisera, A.; Bottinelli, M. y Sopransi, B. (2016). Dispositivos psicosociales en la zona sur de la CABA: dimensiones del cuidado y exigibilidad del derecho a la salud. *VIII Congreso Internacional de Prácticas Profesionales e Investigación en Psicología, XXIII Jornadas de Investigación en Psicología y XII Encuentro de Investigación en Psicología del MERCOSUR*, pp. 223-229.

Zaldúa, G. (comp.). *Epistemes y prácticas de psicología preventiva*. Buenos Aires: Eudeba.

Zaldúa, G. y Pawlowicz, M. P. (2011). Representaciones sociales de la maternidad adolescente. En Zaldúa, G. (comp.). *Epistemes y prácticas de psicología preventiva* (pp. 41-52). Buenos Aires: Eudeba.

Zaldúa, G.; Bottinelli, M.; Longo, R.; Sopransi, B. y Lenta, M. (2016). Exigibilidad y justiciabilidad desde la epidemiología territorial. En Zaldúa, G. (comp.), *Intervenciones de Psicología Social Comunitaria. Territorios, actores y políticas sociales* (pp. 21-54). Buenos Aires: Teseo.

Zaldúa, G.; Pawlowicz, M. P.; Longo, R.; Sopransi, M. B. y Lenta, M. M. (2016). Vulneración de derechos y alternativas de exigibilidad en salud comunitaria. En Zaldúa, G. (comp.), *Intervenciones en Psicología Social Comunitaria. Territorios, actores y políticas sociales* (pp. 55-86). Buenos Aires: Teseo.

Zicavo, E. (2008). Aspectos culturales del embarazo y maternidad adolescente en los sectores populares: identidades, prácticas, representaciones. En *Actas del IX Congreso Argentino de Antropología Social de la Facultad de Humanidades y Ciencias Sociales de la Universidad Nacional de Misiones*, pp. 33-38.

Zizek, S. (2013). *Ensayos sobre la violencia. Seis reflexiones marginales.* Buenos Aires: Paidós.

Este libro se terminó de imprimir en diciembre de 2018 en Imprenta Dorrego (Dorrego 1102, CABA).